기자와 함께 하는
30일 신문읽기 챌린지

기자와 함께 하는
30일 신문읽기 챌린지

선정수 지음

파란정원

작가의 말

저는 30년 넘도록 신문을 읽었고, 20년 가까이 기사를 써 왔는데도 아직 기사는 어렵습니다. 아마도 세상이 넓고 우리가 모르는 일들이 많이 일어나고 있기 때문인 것 같습니다. 저한테도 이렇게 어려운데 초등학생 친구들에게는 뉴스 기사가 얼마나 어렵고 재미없을까요.

딱딱하고 어려워 읽기 싫은 뉴스 기사를 어떻게 하면 친숙하게 접근할 수 있도록 도와줄 수 있을까? 어둡고 무서운 소식이 가득한 뉴스 기사를 있는 그대로 보여 줘도 되는 걸까? 이런 생각들을 하게 됐습니다. 딸아이와 함께 기사를 보다가 나눴던 대화와, 아이가 궁금하게 생각했던 부분에 대해 어떻게 대답해 주면 쉽게 이해할 수 있을까 하는 고민이 이 책에 녹아 있습니다.

'30일 신문 읽기 챌린지'를 통해 하루 한 편씩 기사를 읽고 과제를 수행하면서 뉴스 기사와 친해지는 소중한 시간이 될 것이라고 자신합니다.

접해 보지 않아 어렵다고 막연히 생각하지만, 막상 기사를 읽다 보면 읽는 재미, 상식을 쌓는 재미에 푹 빠지게 될 것입니다.

　이 책이 나오는 데 가장 큰 역할을 한 사랑하는 딸, 진동분교 4학년 선경진 양에게 무한한 감사를 전합니다. 바쁜 일정에도 훌륭하게 책을 만들어 주신 파란정원 관계자 분들께도 감사드립니다.

선정수

차 례

초급편 — 친근한 주제로 기사와 친해지다

- **1일차** 탕후루에 숨겨진 맛의 비결 … 12
- **2일차** 한국에서 태어난 판다, 결국 중국행 … 16
- **3일차** 물병 라벨, 꼭 떼어야 할까? … 20
- **4일차** 생일이 지나야 한 살 먹는다고? … 24
- **5일차** 층간 소음 때문에 고통받는 사람들 … 28
- **6일차** 한밤중 도로에 나타난 개 … 32
- **7일차** 외국인이 좋아하는 한식 1위는? … 36
- **8일차** 경복궁에 낙서라뇨? … 40
- **9일차** 짧은 영상에 중독된 사람들 … 44
- **10일차** 쌀보다 고기가 좋은 시대 … 48

중급편 — 기사 읽기가 즐거워지다

- **11일차** 모르는 번호, 받을까? 말까 … 54
- **12일차** 무전취식 하다 걸린 쌍둥이 … 58
- **13일차** 학교 폭력을 말하다 … 62
- **14일차** 치솟은 과일 가격, 이유는? … 66
- **15일차** 청소년 기후 운동가, 툰베리 … 70
- **16일차** 할머니가 주문을 못 한 이유 … 74
- **17일차** 우리 학교도 문을 닫을 수 있다 … 78
- **18일차** 한국에선 흔한 세계적 멸종 위기종 … 82
- **19일차** 자율 주행 심야 버스 등장! … 86
- **20일차** 콘서트 표가 3배나 올랐다 … 90

상급편

기사에 관한 깊은 생각을 나누다

21일차	AI 그림을 예술이라 할 것인가?	96
22일차	올림픽 종목에 야구가 없는 이유	100
23일차	어린이가 갈 수 없는 카페	104
24일차	요즘 대세는 제로 콜라!	108
25일차	우리 강아지랑 똑 닮은 강아지	112
26일차	직원 없이 손님만 있는 가게	116
27일차	새 떼의 죽음, 원인은 불꽃놀이?	120
28일차	400년 만에 한국으로 돌아오는 명화	124
29일차	독도는 한국 땅	128
30일차	한국 빅맥, 일본보다 비싸다	132

오늘은 어떤 기사를 읽을까?

바로바로 내가 좋아하는 탕후루!

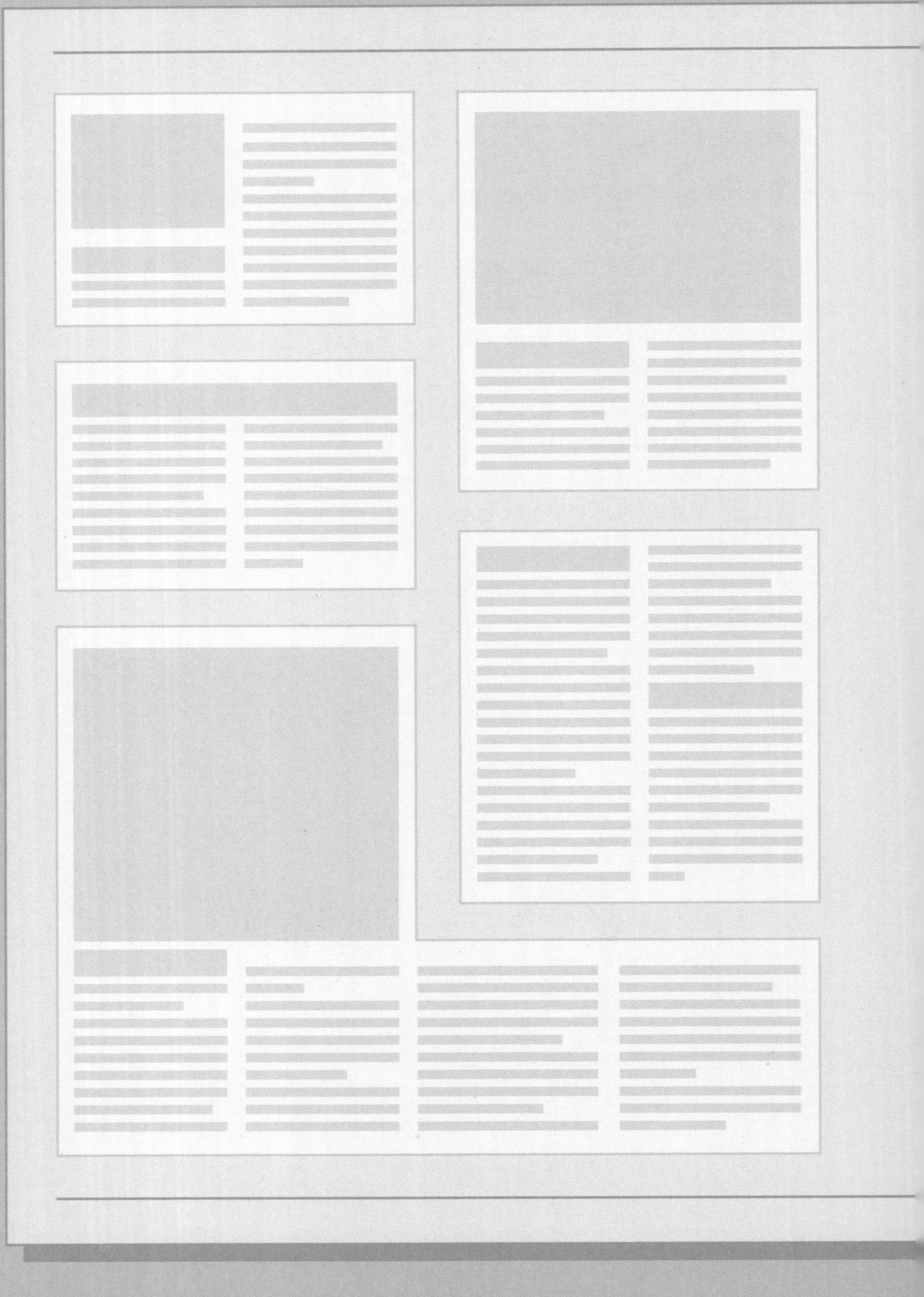

초급편

친근한 주제로 기사와 친해지다

과학 | 정보 전달

탕후루에 숨겨진 맛의 비결

탕후루에는 여러 가지 과학이 숨어 있어요. 우리는 오감 중 미각을 느끼는 혀를 통해 단맛, 짠맛, 신맛, 쓴맛과 감칠맛을 구분해 내요. 그중 단맛은 많은 사람이 좋아하는 맛이에요. 우리가 단맛을 좋아하는 이유는 단맛을 내는 당이 우리 몸을 움직이는 에너지의 근원이기 때문이에요.

혀로 느껴지는 맛만큼이나 음식의 질감도 중요해요. 설탕 코팅이 바삭하게 부서지고 그 속의 달콤한 과일이 과즙을 내뿜는 질감이 바로 탕후루를 맛있게 하는 비밀 중 하나예요. 탕후루는 달콤한 설탕이 과일 표면에 유리처럼 코팅돼 있어요. 설탕이 뜨거운 열기에 녹아서 시럽이 됐다가 급격히 식으면서 유리처럼 굳는 성질을 이용한 거예요. 탕후루의 설탕 코팅은 이런 성질 때

1일차

월 일

문에 깨물면 날카롭게 깨져요. 충치도 조심해야겠지만 탕후루를 깨물 때마다 입안이나 치아가 상하지 않도록 조심해야 해요.

탕후루를 만들 때 물엿을 조금 넣는데요. 물엿에 들어 있는 덱스트린이라는 성분이 설탕 코팅을 매끄럽게 만들어 주기 때문이에요. 빨강, 초록으로 반짝거리는 화려한 색깔도 탕후루의 맛을 더해 주는 요소예요. 눈으로 보이는 음식의 색깔이 맛에 영향을 준다는 연구 결과가 굉장히 많이 나와 있어요.

참고 자료
국민건강보험공단

오늘의 해시태그

#맛의 원리

혀에서는 미뢰라는 감각 기관을 통해 단맛, 신맛, 쓴맛, 짠맛과 감칠맛을 구별한다. 입안에 들어온 음식의 냄새, 맛, 질감 및 온도에 대한 감각 정보가 뇌로 전달돼 맛으로 느껴지게 된다.

기자가 알려 주는 신문 읽기

기사는 세상에서 일어나는 일을 알려 주는 글이야. 처음 기사를 읽을 때는 너희와 관련된 주제를 읽는 게 좋아.

우리가 좋아하는 간식, 탕후루다!

난 평소에 관심 있었던 주제로 기사를 찾아볼 거야.

알쏭달쏭 어휘

기사를 읽으며 알아 두면 좋은 단어들이에요.

감칠맛	음식물이 입에 당기는 맛
근원	사물이 비롯되는 근본이나 원인
미각	맛을 느끼는 감각
오감	시각, 청각, 후각, 미각, 촉각의 다섯 가지 감각
질감	재질의 차이에서 받는 느낌
표면	사물의 가장 바깥쪽. 또는 가장 윗부분

> 모르는 단어가 나오는 건 당연해. 어떤 뜻일지 유추하며 끝까지 기사를 읽는 게 중요하단다.

빈칸에 들어갈 적절한 단어를 보기에서 찾아 쓰세요.

보기   근원   미각   질감   표면

❶ 떡은 쫀득쫀득한 _____ 을 가지고 있어.

❷ _____ 은 단맛, 짠맛, 신맛, 쓴맛을 기본으로 느끼지.

❸ 소문의 _____ 은 우리 반 반장이었어!

❹ 거친 _____ 을 부드럽게 다듬어야 해.

차곡차곡 정리하기

1 기사 내용과 같으면 ○표, 다르면 ×표하세요.

① 우리 몸을 움직이는 에너지의 근원은 신맛과 관련이 깊어요. ☐
② 탕후루가 맛있는 비밀 중 하나는 질감 때문이에요. ☐
③ 유리처럼 굳은 시럽은 먹을 때 날카롭게 깨져서 다칠 수 있어요. ☐
④ 눈으로 보이는 음식의 색깔은 맛에 영향을 주지 않아요. ☐

2 각 문단에서 중심 단어를 찾아보세요.

[1문단]   [2문단]   [3문단]

3 새로 알게 된 정보를 정리해요.

사람은 맛을 느낄 때 을 포함한 을 모두 사용하므로, 반짝거리는 화려한 ㅅㄲ 과 ㅂㅅㅎ 설탕 코팅 그리고 ㄷㅋㅎ 과즙의 어우러짐이 바로 탕후루 맛의 비결이다.

중심 단어가 담겨 있어야 해. 중심 단어를 그대로 사용하거나 관련된 설명을 가져와도 되지.

함께 생각하고 토론해요

- 탕후루를 왜 자주 먹게 될까?
- 탕후루를 많이 먹는 것은 우리 몸에 좋을까, 나쁠까?

국제 | 정보 전달

한국에서 태어난 판다, 결국 중국행

사상 처음 국내에서 태어난 대왕판다인 푸바오를 중국으로 보내게 됐다는 소식을 들은 많은 사람이 아쉬움을 나타냈어요. 한국인의 사랑을 받은 판다가, 그것도 국내에서 태어난 판다가 왜 중국으로 가야 하는지 의문을 나타내기도 했지요.

그 이유는 우리나라와 중국이 맺은 약속 때문이에요. 양측은 2016년 푸바오의 부모인 러바오와 아이바오를 한국으로 데려올 때 새끼를 낳으면 새끼가 4살이 되기 이전에 중국으로 보내기로 합의했어요. 이 합의에 따라 푸바오는 태어나기도 전에 중국으로 갈 운명이 된 거죠. 푸바오의 동생인 후이바오와 루이바오도 마찬가지로 이 합의에 따라 4살이 되기 이전에 중국으로 가야 해요.

새끼 판다를 중국으로 보내는 건

▲푸바오 ⓒ윤채원

세계적으로 개체 수가 극히 적은 판다의 보존을 위한 조치예요. 판다 해외 반출을 엄격히 통제하는 중국 정부는 해외로 내보내는 모든 판다에 대해 이런 정책을 펴고 있어요.

푸바오의 새집은 쓰촨성 워룽중화자이언트판다원 선수핑기지예요. 여기에서 짝을 만나고 새끼를 낳게 되는 거죠. 푸바오의 건강한 새 삶을 기대해 봐요.

참고 자료
KBS뉴스

오늘의 해시태그

#중국 판다 외교
중국이 판다를 외교에 활용하는 이유는 판다가 중국에만 존재하는 희귀동물이고, 사람들에게 인기가 많기 때문이다.

2일 차 — 월 — 일

기자가 알려 주는 신문 읽기

어떤 기사를 읽을지 선택할 때는 제목이나 사진을 보고 선택하게 된단다. 때때로 엉뚱한 기사에 황당할 수도 있지만, 점점 찾고자 하는 기사를 잘 찾을 수 있게 될 거야.

난 기사 내용을 유추할 수 있는 제목부터 보는데. 넌 어떤 부분을 먼저 봐?

난 사진이나 그래프! 주제가 한눈에 딱 보이잖아.

알쏭달쏭 어휘

기사를 읽으며 알아 두면 좋은 단어들이에요.

개체	하나하나의 낱개를 이르는 말
대왕판다	몸의 길이가 1.5~1.8m 정도 되는 곰과의 포유류
반출	운반하여 내보냄
보존	잘 보호하고 간수하여 남김
사상	역사에 나타나 있는 바
운명	이미 정하여져 있는 목숨이나 처지
합의	서로 의견이 일치함

> 비슷한 말이나 반대말도 함께 알아 두면 더 잘 기억할 수 있어.
> 보존 파괴 국내 해외

빈칸에 들어갈 적절한 단어를 보기에서 찾아 쓰세요.

보기 　보존　개체　수　합의　사상

❶ 인간은 멸종 위기종을 　　　　 해야 할 의무가 있어.

❷ 나와 친구는 싸우지 않기로 　　　　 했어.

❸ 환경 오염으로 멸종 위기종의 　　　　 가 더 빠르게 줄어들고 있대.

❹ 이번 올림픽에는 　　　　 최대 인원이 참가한다고 해.

차곡차곡 정리하기

1 기사 내용과 같으면 ○표, 다르면 ×표 하세요.

❶ 판다를 중국으로 보내는 이유는 개체 수를 보존하기 위해서예요. ☐
❷ 중국의 판다는 해외 반출이 자유로워요. ☐
❸ 다른 나라에서 태어난 새끼 판다는 3살이 되기 전에 중국으로 가야 해요. ☐
❹ 후이바오와 루이바오는 푸바오의 동생이에요. ☐

2 각 문단에서 중심 문장을 찾아보세요.

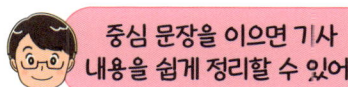
중심 문장을 이으면 기사 내용을 쉽게 정리할 수 있어.

- 1문단 •   • 개체 수가 극히 적은 판다의 보존을 위한 조치이다.
- 2문단 •   • 이유는 우리나라와 중국이 맺은 약속 때문이다.
- 3문단 •   • 국내에서 태어난 푸바오를 중국으로 보내야 한다.

3 새로 알게 된 정보를 정리해요.

푸바오를 ㅈㄱ 으로 보내야 하는 이유는 개체 수가 적은 ㅍㄷ 의 ㅂㅈ 을 위해 다른 나라에서 태어난 새끼 판다들은 모두 ㄴㅅ 이전에 중국으로 보내야 한다는 약속 때문이다.

한 문장으로 정리하는 과정에서 기사를 깊이 이해할 수 있어.

함께 생각하고 토론해요

- 판다는 왜 적은 수만 남게 되었을까?
- 멸종 위기 동물을 보호해야 하는 이유는 무엇일까?

환경 | 관심과 참여 유도

물병 라벨, 꼭 떼어야 할까?

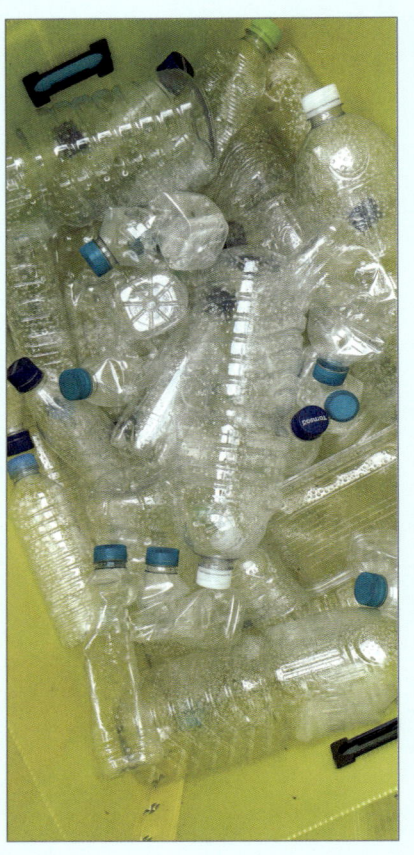

시우는 음료수를 마시고 난 뒤 병을 버릴 때마다 난감해요. 힘들여 떼도 접착제가 붙은 부분은 하얗게 라벨이 붙어 있기 때문이에요. 작은 구멍을 뚫어서 만든 절취선이 있는 제품도 라벨을 뜯기 어렵기는 마찬가지예요.

라벨을 떼서 버리라고 하는 이유는 페트병과 재질이 다른 라벨이 재생 공정에 섞여 들어가면 재생 원료의 품질이 떨어지기 때문이에요. 고품질 재생 원료를 얻기 위해 우리나라는 해외에서 폐페트병을 수입하는 처지예요. 우리가 페트병을 버릴 때 라벨을 떼고 깨끗이 헹궈서 분리배출하면 이런 폐페트병을 수입하지 않아도 돼요.

최근에는 아예 라벨이 없는 '무라벨' 생수가 판매되고 있기도 해요. 라벨이 없거나 잘 떨어지는 제품을 만들면, 나라에 내는 재활용 분담금을 더 적게 낼 수 있거든요. 기업들은 재활용 분담금 비용을 줄이기 위해 라벨이 잘 떨어지는 병을 만들게 되는 거예요.

그러나 라벨이 아무리 잘 떨어진다고 해도 페트병에 든 생수를 사 먹는 것보다 개인 컵을 갖고 다니면서 정수기 물을 마시는 방법이 가장 환경을 지키는 데 도움이 되는 일이에요.

참고 자료
녹색연합

오늘의 해시태그

#페트병 재활용

분리배출된 페트병은 재활용해서 페트병을 다시 만드는 게 지구에 가장 부담을 덜 준다. 라벨이나 다른 이물질이 섞인 페트병은 품질이 떨어져 인형이나 소파에 넣는 솜이 되거나 고체연료를 만들게 된다.

3일차

월
일

기자가 알려 주는 신문 읽기

기사를 통해 우리는 알지 못했던 새로운 정보를 얻게 되는 경우가 많아. 하지만 어떤 기사는 정보와 함께 우리의 생각과 행동을 바꾸기도 한단다.

이젠 외출할 때 물병을 꼭 챙길 거야.

난 얼음물로 챙겨야지!

알쏭달쏭 어휘

기사를 읽으며 알아 두면 좋은 단어들이에요.

공정	한 제품이 완성되기까지 거쳐야 하는 하나하나의 작업 단계
분담금	나누어서 부담하는 돈
분리배출	쓰레기 따위를 종류별로 나누어서 버림
재생	폐품 따위를 용도를 바꾸거나 가공하여 다시 씀
재질	재료가 가지는 성질
재활용	낡거나 못 쓰게 된 물건을 가공하여 다시 쓰게 함
페트병	폴리에틸렌 테레프탈레이트(PET)를 원료로 하여 만든 일회용병

빈칸에 들어갈 적절한 단어를 보기에서 찾아 쓰세요.

보기 분담금 공정 재질 재생

❶ 분리수거를 할 때는 ☐ 에 따라 잘 나누어야 해.

❷ 깨끗이 씻은 우유팩을 ☐ 해서 화장지나 상자를 만들 수 있어.

❸ 우리가 산 음료수에는 재활용 ☐ 이 포함되어 있어.

❹ 빵을 만들 때는 발효 ☐ 을 거쳐야 잘 부풀어 올라.

차곡차곡 정리하기

1 기사 내용과 같으면 ○표, 다르면 ×표 하세요.

❶ 페트병과 라벨은 같은 재질로 만들어졌어요. ☐
❷ 라벨이 잘 떨어지는 병을 만들면 기업은 재활용 분담금이 줄어요. ☐
❸ 무라벨 병도 환경을 지키는 데 도움이 돼요. ☐
❹ 우리나라는 해외에서 폐페트병을 수입해요. ☐

2 새로 알게 된 정보를 정리해요.

> 페트병의 ___ㄹㅂ___ 을 떼어서 버리는 이유는 ___ㅍㅌㅂ___ 과 ___ㅈㅈ___ 이 다른 라벨이 섞여 들어가면 재생 원료의 ___ㅍㅈ___ 이 떨어지기 때문이다. 환경을 위해 기업은 라벨이 없거나 잘 떨어지는 제품을 만들고, 개인은 개인 ___ㅋ___ 을 사용해야겠다.

> 이유를 알게 되니 자연스럽게 좋은 행동을 하게 된단다.

함께 생각하고 토론해요

- 투명 페트병만 따로 모아야 하는 이유가 뭘까?
- 분리배출 되어도 재생되지 못하는 이유가 뭘까?
- 제대로 분리수거 하기 위한 방법은 무엇이 있을까?

생활/문화 | 정보 전달

생일이 지나야 한 살 먹는다고?

　새해가 시작되면 열 살이 된다고 잔뜩 기대했던 윤솔이는 약간 실망을 했어요. 최근 '**만 나이**'로 통일하는 법이 **시행**되면서 열 살이 되지 않았기 때문이에요. 만 나이는 생일을 지나야 한 살 더 먹게 되거든요. 2014년생 기준으로 보면 2024년 생일을 맞아야 한 살이 추가돼 열 살이 되는 거죠.

　태어날 때 한 살을 먹고 1월 1일이 되면 또 한 살을 먹는 나이 계산법은 세계에서 우리나라만 사용한 **방식**이었어요. 여기에다가 **연 나이**라고 하는 이번 연도에서 태어난 연도를 뺀 나이를 사용할 때도 있고, 만 나이까지 함께 사용하면서 세 가지 나이 세는 방식이 뒤섞여 혼란스러울 때가 많았죠. 외국인들과 말할 때 헷갈리기도 하고요. 이런 복잡함을 없애고 **국제 기준**에 맞추기 위해

4일차 ___월 ___일

기자가 알려 주는 신문 읽기

나이 세는 법을 만 나이로 **통일**한 거예요.

이전까지는 새해에 떡국을 먹으면 한 살 더 먹는 거라고 헤아렸다면 이제는 생일날 미역국을 먹으면 한 살 더 먹는 거라고 기억하면 되지요. 더 정확하게 나이를 말하고 싶다면 "아홉 살 9개월이에요."와 같이 나이와 개월을 함께 말하면 좋겠어요.

참고 자료
법제처

오늘의 해시태그

#만 나이 통일법

2023년 6월 28일 '만 나이 통일법'이 시행되었다. 만 나이 통일법에 따라 생일을 기준으로 나이를 계산하고, '만' 표기 없이 나이를 물어도 만 나이로 대답하면 된다.

알쏭달쏭 어휘

기사를 읽으며 알아 두면 좋은 단어들이에요.

국제 기준	지역이나 국가를 넘어 세계적인 약속이나 규칙
만 나이	생일을 기준으로 세상에 나서 살아온 햇수
방식	일정한 방법이나 형식
새해	새로 시작되는 해
시행	법령을 공포한 뒤에 그 효력을 실제로 발생시키는 일
연 나이	연을 기준으로 세상에 나서 살아온 햇수
통일	여러 요소를 서로 같거나 일치되게 맞춤

우리나라는 배 속에서 자랄 때부터 하나의 생명으로 생각해 1살을 먹고 태어나는 거란다.

내 나이를 만 나이, 연 나이, 한국식 나이로 계산해 보세요.

이번 연도 − 태어난 연도
———————
연 나이

이번 연도 − 태어난 연도
———————
연 나이
− 1
만 나이

이번 연도 − 태어난 연도
———————
연 나이
+ 1
한국식 나이 (세는 나이)

생일이 지나지 않았을 때만   태어날 때 먹은 나이

차곡차곡 정리하기

1 빈칸을 채워 한국식 나이와 만 나이에 대한 설명을 완성하세요.

❶ 태어난 날에 한 살을 먹고,

☐ 에 한 살을 먹는 나이 계산법은 ☐ 나이 계산법이에요.

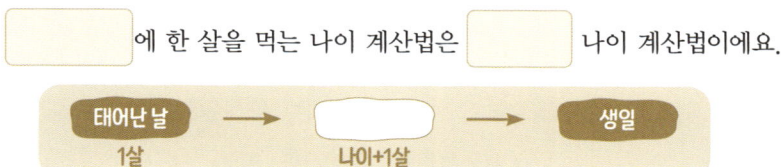

❷ 태어난 날에 나이를 먹지 않고,

☐ 이 지나 한 살을 먹는 나이 계산법은 ☐ 나이 계산법이에요.

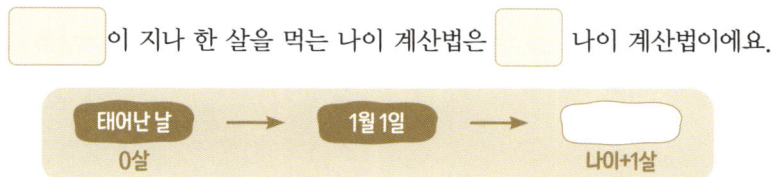

2 새로 알게 된 정보를 정리해요.

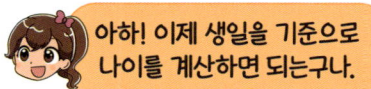

아하! 이제 생일을 기준으로 나이를 계산하면 되는구나.

나이 계산법을 ㄱㅈ ㄱㅈ 에 맞추기 위해 최근에 ㅁㄴㅇ 로 통일하는 법이 시행되어, 이제는 ㅅㅇ 을 기준으로 나이를 계산해야 한다.

함께 생각하고 토론해요

- 만 나이, 연 나이, 한국식 나이 중 어떤 계산법이 가장 합리적일까?
- 나는 한국식 나이와 만 나이 중에 어떤 것이 더 좋은가?

사회 | 해결책 모색

층간 소음 때문에 고통받는 사람들

우리 집에서 낸 게 아닌데 쿵쿵 걷거나 뛰는 소리, 장난감이 구르는 소리, 농구공 튀기는 소리 등 다양한 소리가 시도 때도 없이 들려올 때가 있어요. 다른 집에서 내는 소리가 우리 집까지 들리는 거예요. 주로 윗집에서 내는 소리가 아랫집을 괴롭히는 경우가 많아요. 편히 쉬어야 할 집에서 소음이 크게 들리면 신경이 날카로워질 수밖에 없어요. 이런 층간 소음 때문에 이웃들끼리 싸움이 벌어지고 때로는 살인 사건으로 이어지기도 해요.

최근 접수된 층간 소음 신고는 연간 4만 건을 웃돌고 있어요. 일상생활에서 아무 소리도 내지 않고 살기란 불가능해요. 그러나 우리가 무심코 하는 행동 때문에 다른 집에서는 아주 큰 고통을 받을 수 있어요. 다른 집을 배려하는 마음을 가지고, 층간 소음이 나지 않게 조심해야 해요. 층간 소음을 줄이는 방법으로는 ▲큰 음악은 헤드폰으로 감상 ▲세탁기는 되도록 낮에

가장 참기 힘든 층간 소음 (복수 응답)

소음 종류	비율
뛰는 소리	50.1%
발걸음 소리	36.2%
가구 끄는 소리	29.5%
뭔가 바닥에 떨어지는 소리	23.5%
싸우는 소리	19.1%
말 소리	15.9%
문 여닫는 소리	10.2%

▲층간 소음 경험, 잡크리아

▲집에선 조용조용 걷기 ▲시끄러운 운동은 집 밖에서 하기 등이 있어요.

층간 소음으로 고통을 받고 있다면 이웃집으로 직접 가서 항의하는 것은 좋은 방법이 아니에요. 서로 감정 다툼으로 번질 가능성이 크기 때문이죠. 아파트 관리 사무소나 층간소음관리위원회를 통해 해결하는 것이 좋아요.

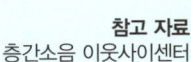

참고 자료
층간소음 이웃사이센터

오늘의 해시태그

#층간 소음

공동주택에서 입주자의 활동으로 인해 다른 입주자에게 피해를 주는 소리를 말한다. 뛰거나 걷는 동작 등으로 인해 발생하는 직접 충격 소음과 TV, 음향 기기 등의 사용으로 인해 발생하는 공기 전달 소음으로 구분된다.

5일 차 ___월 ___일

기자가 알려 주는 신문 읽기

기사를 통해 어떤 문제를 객관적으로 자세히 들여다 보고, 어떻게 문제를 해결할지 제시된 다양한 의견을 보며 해결책을 모색할 수 있단다.

동생이랑 거실에서 술래잡기하다가 엄마께 혼났어.

당연하지! 넌 재밌었겠지만, 아래층에선 무척 시끄러웠을 거야.

알쏭달쏭 어휘

기사를 읽으며 알아 두면 좋은 단어들이에요.

무심코	아무런 뜻이나 생각이 없이
배려	도와주거나 보살펴 주려고 마음을 씀
번지다	차차 넓게 나타나거나 퍼지다
소음	불규칙하게 뒤섞여 불쾌하고 시끄러운 소리
웃돌다	어떤 정도를 넘어서다
층간	층과 층의 사이
항의	못마땅한 생각이나 반대의 뜻을 주장함

'웃돌다'는 일상에선 자주 사용하지 않지만, 뉴스나 기사에서 자주 접할 수 있는 단어야.

알맞은 단어를 찾아 ○표 하세요.

❶ 수업 시간에 밖에서 들리는 [소음] [매연] 때문에 집중이 안 돼.

❷ 선수들은 심판이 공정하지 않다며 [항복] [항의] 했어.

❸ 내가 [무심코] [무력하게] 던진 말에 상대는 상처받을 수 있어.

❹ 도움이 필요한 친구를 돕는 건 착한 마음에서 우러난 [의무] [배려] 야.

차곡차곡 정리하기

1 기사 내용과 같으면 ○표, 다르면 ×표하세요.

① 층간 소음이란, 우리 집 건물 밖에서 나는 소음을 말해요. ☐
② 층간 소음 때문에 고통을 받아 신고하는 사람이 많아지고 있어요. ☐
③ 주로 윗집에서 내는 소음 때문에 아랫집이 피해를 봐요. ☐
④ 층간 소음으로 고통받는다면 이웃집에 직접 찾아가요. ☐

2 새로 알게 된 정보를 정리해요.

ㅊㄱㅅㅇ 으로 괴로워하는 사람이 많아지고 있어 다른 사람에게 ㅍㅎ 를 주지 않게 서로 배려하고 조심해야 한다. 층간 소음을 줄이는 방법으로는 ㅎㄷㅍ 으로 음악을 감상하고, 세탁기는 되도록 ㄴ 에 돌리고, 시끄러운 운동은 집 ㅂ 에서 하기 등이 있다.

사회 문제를 짚어 보는 기사에선 해결책을 제시할 때도 있으니 잘 살펴보자.

함께 생각하고 토론해요

- 층간 소음을 어떻게 줄일 수 있을까?
- 우리 집에 층간 소음이 들린다면 어떻게 해야 할까?
- 시끄럽다며 이웃이 우리 집에 찾아온다면 어떻게 해야 할까?

사회 | 생각과 태도 변화

한밤중 도로에 나타난 개

▲기사 내용과 직접 관련이 없는 이미지

한밤중 도로에 야광 목걸이를 낀 개가 돌아다니고 있어요. 개 주인인 듯한 사람은 이를 지켜보다가 훌쩍 승용차에 올랐어요. 차는 출발하고 개는 온 힘을 다해 자동차를 쫓아갔어요. 최근 TV 뉴스를 통해 방송된 반려견을 버리는 현장의 모습이에요.

매년 10만 마리 이상의 **반려동물**이 동물보호센터로 향해요. 구조된 동물 가운데 원래 주인에게 돌아가는 동물은 12% 정도에 불과해요. 다른 주인에게 **입양**되는 28%는 너무나도 운이 좋은 거예요. 왜냐하면 27% 정도는 보호소에서 자연사하고, 17%는 안락사로 처리되거든요.

반려동물을 키우는 사람들을 대상으로 조사한 결과 18%가 **양육**을 포기하거나 **파양**하고 싶었던 경험이 있었다고 응답했어요. 물건 **훼손**·짖음, 비용 부담, 이사 등 **여건** 변화를

6일차

월 ___ 일

기자가 알려 주는 신문 읽기

이유로 꼽았어요.

이런 이유로 반려동물을 함부로 버리지 못하도록 처벌을 강화하고 반려동물 양육 면허를 도입하자는 주장이 점점 커지고 있어요. 반려동물을 버리면 300만 원 이하의 벌금을 받아요. 또, 키우던 맹견을 버리면 2년 이하 징역 또는 2,000만 원 이하 벌금을 받게 되지요.

참고 자료
국가동물보호정보시스템

오늘의 해시태그

#반려동물

사람이 정서적으로 의지하고자 가까이 두고 기르는 동물을 뜻한다. 예전에는 애완동물이라고 불렀는데, 애완이라는 말에 동물을 장난감으로 보는 시각이 담겨 있다는 비판이 일면서 새롭게 등장한 용어이다.

알쏭달쏭 어휘

기사를 읽으며 알아 두면 좋은 단어들이에요.

맹견	몹시 사나운 개
반려동물	사람이 정서적으로 의지하고자 가까이 두고 기르는 동물
양육	아이를 보살펴서 자라게 함
여건	주어진 조건
입양	양자로 들어감. 또는 양자를 들임
파양	양자 관계의 인연을 끊음
훼손	헐거나 깨뜨려 못 쓰게 만듦

빈칸에 들어갈 적절한 단어를 보기에서 찾아 쓰세요.

보기   훼손   여건   맹견   반려동물

❶ _____ 은 공격성이 강해서 항상 조심해야 해.

❷ 동물을 입양한 후 _____ 이 안 된다고 버리는 건 나쁜 행동이야.

❸ 우리 집 _____ 은 귀여운 하얀색 몰티즈야.

❹ 강아지가 집 안 곳곳을 물어뜯어 가구들이 _____ 됐어.

34

차곡차곡 정리하기

1 기사 내용과 같으면 ○표, 다르면 ×표하세요.

❶ 한 해 동안 동물보호센터로 가는 반려동물은 10만 마리가 넘어요. ☐
❷ 구조된 동물 중 절반은 원래 주인에게 돌아가요. ☐
❸ 버려진 동물 일부는 안락사당하기도 해요. ☐
❹ 조사 결과, 반려동물을 파양시키고 싶었던 사람이 존재했어요. ☐

2 새로 알게 된 정보를 정리해요.

> ___ㅇㄱ___의 변화로 ___ㅂㄹㄷㅁ___을 함부로 버리는 사람들이 점점 많아지자, 처벌을 강화하고 반려동물 ___ㅇㅇ___ 면허를 도입하자는 주장이 커지고 있다. 반려동물을 ___ㅇㅇ___하였다면 끝까지 책임져야 한다.

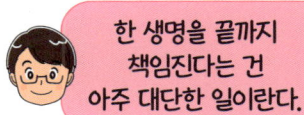

한 생명을 끝까지 책임진다는 건 아주 대단한 일이란다.

함께 생각하고 토론해요

- 버려지는 반려동물이 없으려면 어떻게 해야 할까?
- 동물을 입양하기 전 꼭 생각해 보아야 할 것은 무엇일까?

국제 | 관심과 참여 유도

외국인이 좋아하는 한식 1위는?

최근 조사에 따르면 외국인이 가장 좋아하는 한국 음식은 '한국식 치킨'이에요. 라면과 김치, 비빔밥, 불고기가 그 뒤를 이었어요. 한식을 연상하면 떠오르는 메뉴로는 김치, 비빔밥, 한국식 치킨, 불고기, 고기구이, 떡볶이 순서로 응답이 많았어요. 이 조사는 미국, 영국, 중국, 브라질, 태국 등 16개 나라 18개 도시에 살고 있는 외국인 9,000명을 대상으로 실시했어요.

외국인 응답자 전체의 60%는 한식을 알고 있다고 응답했어요. 특히 인도네시아 자카르타의 응답자들의 85.2%가 한식에 대해 알고 있다고 했고, 중국 베이징(81.8%), 상하이(80.4%), 베트남 호찌민(78.2%)도 한식을 알고 있다는 응답률이 높았어요.

'한식' 하면 떠오르는 이미지로는 '풍미가 있는', '가격이 합리적인', '대중적인', '최근에 유행하는' 등으로 조사됐어요. 외국인이 선호하는 '청결한/위생적인', '먹기 편리한', '디

7일차

월 일

저트가 맛있는' 등의 이미지에선 약한 면모를 보여 보완점으로 꼽혔어요. 조사 대상 전체 한식당 방문 경험률은 64.6%로 나타났어요. 태국 방콕(86.8%), 자카르타(86.2%), 대만 타이베이(85.2%)가 높은 수치를 나타냈고, 한식당 만족도는 90.4%를 기록했어요.

막 세계로 뻗어 나가기 시작한 한식이 더욱 사랑받을 수 있도록 정부는 더욱 다양한 대책과 노력을 기울여야 해요.

참고 자료
농림축산식품부

기자가 알려 주는 신문 읽기

설문 조사를 소개하는 기사를 볼 때는 누가 조사를 의뢰했는지, 조사 대상은 누구이고 얼마나 많은지 등을 따져 봐야 해.

오늘의 해시태그

#한국식 치킨
우리나라에서 판매되는 치킨이 해외에서는 찾아볼 수 없는 독특한 조리법을 이용하고 있어서 외국인들은 치킨을 '한식'으로 인식하고 있다.

숫자화된 결과는 믿음이 가. 그래서 금방 수긍할 수 있지.

맞아. 또 숫자를 그래프에 담으면 한눈에 이해할 수 있어.

알쏭달쏭 어휘

기사를 읽으며 알아 두면 좋은 단어들이에요.

대중적	수많은 사람의 무리를 중심으로 한 것
면모	사람이나 사물의 겉모습. 또는 그 됨됨이
수치	계산하여 얻은 값
연상	하나의 생각이 다른 생각을 불러일으키는 현상
응답자	물음에 응답하는 사람
풍미	음식의 고상한 맛
합리적	이론이나 이치에 합당한 것

알맞은 단어를 찾아 ○표 하세요.

❶ K-문화 설문 조사 결과 응답자 질문자 중 60%가 한식을 알고 있었어.

❷ 원숭이 엉덩이에서 상상 연상 되는 것을 이으면 사과, 바나나, 기차, 백두산까지 이어져.

❸ 많은 사람이 좋아하는 것을 대중적 합리적 이라고 말해.

❹ 한식은 싱싱한 재료와 다양한 맛으로 신선도 풍미 가 뛰어나지.

차곡차곡 정리하기

1 기사 내용과 같으면 ○표, 다르면 ✕표하세요.

① 외국인 응답자 전체의 30%는 한식을 모른다고 답했어요. ☐
② 한식 하면 떠오르는 메뉴에 떡볶이가 있어요. ☐
③ 한식은 '먹기 편리한' 음식이라는 이미지가 강해요. ☐
④ 외국인이 가장 좋아하는 한식은 한국식 치킨이에요. ☐

2 새로 알게 된 정보를 정리해요.

> 외국인이 가장 좋아하는 한국 음식은 라면과 김치, 비빔밥, 불고기를 제치고 ㅎㄱㅅㅊㅋ 이 되었다. 해외에서 ㅎㅅ 의 인기가 점점 높아지는 지금, 한식이 더욱 사랑받을 수 있도록 ㅈㅂ 의 노력이 필요하다.

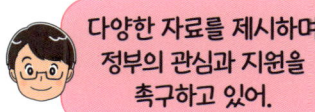
다양한 자료를 제시하며 정부의 관심과 지원을 촉구하고 있어.

함께 생각하고 토론해요

- 외국인들이 왜 한식을 좋아할까?
- 한식을 외국에 소개한다면 어떤 방법이 좋을까?
- 외국인에게 꼭 추천하고 싶은 한식은 무엇인가?

생활/문화 | 생각과 태도 변화

경복궁에 낙서라뇨?

경복궁 돌담에서 이틀 연속 낙서가 발견됐어요. 첫 번째 낙서는 17세 남성이 "낙서하면 돈을 주겠다."라는 의뢰를 받고 저지른 짓으로 밝혀졌어요. 두 번째 사건은 20대 남성이 첫 사건을 접한 뒤 관심을 받고 싶어 저지른 모방 범죄였던 걸로 드러났어요.

두 차례 낙서를 지우는 복구 작업에 모두 8일 동안 연인원 234명, 하루 평균 약 30명의 인력과 레이저 세척기 등 전문 장비가 투입됐어요. 장비 및 소모품 비용만 2,153만 원으로 집계됐지요. 보존 처리 전문가는 물론, 가림막 설치·관리 등 현장 인력 등의 인건비까지 계산하면 복구 비용은 1억 5천만 원 정도로 추산됐어요.

국가유산청은 손해 금액을 확정한 뒤 낙서한 두 사람에게 청구하기로 했어요. 주요 문화유산에 대한 훼손 행위는 여러 차례 이어졌어요. 2008년 서울 숭례문(남대문)이 방화로 인해 모두 파괴됐어요. 이보다 앞선 2007년 2월엔 서울 송파구 삼전도비에 붉은색 스프레이로 낙서를 한 사건이 발생했어요. 2022년 1월에는 10대들이 경기도 지정 문화유산인 경기도 여주 영월루의 초석에 검은색 스프레이로 낙서해 훼손한 사건도 있었어요.

문화유산이란 인류가 살아온 발

8일차

월 일

자취가 담긴 자료예요. 우리는 문화유산을 통해 조상들이 어떻게 살았는지를 파악할 수 있어요. 요즘은 세계 각국 사람들이 공장에서 만들어 낸 엇비슷한 물건을 사다 써요. 조상으로부터 전해 내려온 것을 빼놓고는 각 나라의 고유한 문화를 찾아보기가 어려워졌어요. 이게 바로 우리가 문화유산을 잘 보존해 후손들에게 넘겨줘야 하는 이유예요. 문화유산 훼손은 힘겹게 남아 있는 조상들의 발자국을 지우는 일이에요.

참고 자료
국가유산청

기자가 알려 주는 신문 읽기

용돈을 벌기 위해 경복궁에 낙서를 한 사람들은 재판에 넘겨졌지. 모든 선택에는 책임이 따른다는 걸 알아야 한단다.

문화유산에 낙서를 하다니, 정말 말도 안 돼!

맞아. 어린아이도 저런 행동은 안 한다고!!

오늘의 해시태그

#문화유산 원상 복구 비용

문화유산법에 따라 사적 등 지정문화유산에 글씨, 그림 등을 쓰거나 그리면 원상 복구 비용을 청구할 수 있다. 또한 국가지정문화유산을 손상시키거나 훔치거나 효용 가치를 떨어뜨리는 행위는 3년 이상의 징역에 처한다.

알쏭달쏭 어휘

기사를 읽으며 알아 두면 좋은 단어들이에요.

모방 범죄	다른 범죄자의 수법을 따라 저지르는 범죄
복구	손실 이전의 상태로 회복함
소모품	쓰는 대로 닳거나 줄어들어 없어지거나 못 쓰게 되는 물품
연인원	어떠한 일에 동원된 인원수를 일수로 환산한 총인원수
집계	따로따로 계산된 것들을 한데 모아서 계산함
청구	남에게 돈이나 물건 따위를 달라고 요구함
투입	사람이나 물자, 자본 따위를 필요한 곳에 넣음

빈칸에 들어갈 적절한 단어를 보기에서 찾아 쓰세요.

보기   복구 소모품 집계 투입

❶ 올해 입학생이 없는 초등학교가 157곳으로 ☐ 되었어.

❷ 기후 변화로 인한 폭우 피해 ☐ 에 온 국민이 힘쓰고 있어.

❸ 우리가 사용하는 연필, 공책, 신발 등은 ☐ 이야.

❹ 대청소 때는 온 가족이 ☐ 되어 함께 청소해.

차곡차곡 정리하기

1 기사 내용과 같으면 ○표, 다르면 ×표하세요.

① 문화유산에 낙서한 것을 지우려면 많은 복구 비용이 들어요. ☐
② 문화유산에 낙서한 사람에게 문화유산 복구 비용을 청구하지 않아요. ☐
③ 문화유산을 통해 조상들이 어떻게 살았는지 알 수 있어요. ☐
④ 문화유산 훼손 사건이 경복궁 돌담에서 처음 일어났어요. ☐

2 새로 알게 된 정보를 정리해요.

주요 문화유산에 대한 ___ㅎㅅ___ 행위가 이어지고 있다. ___ㅁㅎㅇㅅ___ 은 인류가 살아온 발자취로, 우리는 문화유산을 ___ㅂㅈ___ 하여 후손에게 잘 넘겨줘야 한다.

> 새로운 어떤 사건을 통해 나의 생각과 행동이 변화하지.

함께 생각하고 토론해요

- 문화유산을 왜 보호해야 할까?
- 문화유산을 훼손한 사람에게 벌금을 청구해도 될까?

IT/모바일 | 해결책 모색

짧은 영상에 중독된 사람들

키즈폰을 쓰던 민수는 목걸이 줄에 매달린 핸드폰을 빙빙 돌리다가 어딘가에 부딪혀 액정을 깨뜨렸어요. 부모님께 혼난 뒤에 아빠가 쓰던 스마트폰을 받게 되었죠. 민수는 스마트폰을 받아 SNS 어플을 깔고 프로필을 꾸미는 재미에 정신이 없었어요. 그런데 더 큰 재미가 기다리고 있었어요. 바로 숏폼 콘텐츠예요. 1분 이내의 재미있는 영상이 계속 쏟아지고, 한번 시작하면 도저히 중간에 끄고 빠져나오기가 어려웠어요.

이처럼 스마트폰으로 짧은 동영상을 보는 일에 빠져 있는 걸 '숏폼 중독' 또는 '도파민 중독'이라고 불러요. 최근 한 방송 프로그램은 아이가 스마트폰에 빠져 고민하는 엄마들을 찾아가 봤어요. 아이들은 온종일 스마트폰에 매달린 채 '숏폼'에 빠져 있었어요.

전문가들은 어린이들이 '숏폼'에 빠지는 것에 우려를 나타냈어요. 많이 얘기하는 것 중 하나는 '팝콘 브레인'이에요. 팝콘 브레인은 2011년 CNN 보도로 알려진 개념으로, 현실 세계의 느리고 약한 자극에는 반응하지 않고, 빠르고 강렬한 자극에만 반응하는 뇌를 말해요. 전

▲기사 내용과 직접 관련이 없는 이미지

9일차

문가들은 어린 나이에 '숏폼'을 시청할수록 뇌 발달에 해로울 수 있으며, 글을 읽고 이해하는 능력까지 떨어뜨릴 수 있다고 경고하고 있어요. 이 때문에 일부 전문가들은 '숏폼'을 디지털 마약이라 불러야 한다고 주장하기도 해요.

숏폼 시청으로 인한 악영향을 줄이려면 평소에 시청을 자제하는 게 좋아요. 어렵다면 사용 시간을 정해 두고 봐야 해요. 어린이의 영상 미디어 시청 시간은 하루 2시간 미만이 권장되고 있어요.

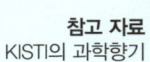
참고 자료
KISTI의 과학향기

오늘의 해시태그

#도파민 중독
즐겁거나 행복할 때 분비되는 호르몬 도파민이 과도하게 분비되는 중독 현상으로, 재미만을 느끼기 위해 자극적이고 흥미로운 것들만 찾게 된다.

기자가 알려 주는 신문 읽기

나쁜 영향을 주는 사회 현상을 다루는 기사를 볼 때, 그 이유와 해법을 유심히 살펴보면 피해를 예방할 수 있단다.

숏폼을 보면 1시간이 슝슝 지나더라.

맞아. 그래서 알람을 맞춰 두면 좋을 것 같아.

알쏭달쏭 어휘

기사를 읽으며 알아 두면 좋은 단어들이에요.

권장	권하여 장려함
도파민	머릿골 신경 세포의 흥분 전달에 중요한 역할을 하는 신경전달물질
숏폼	1분 미만인 짧은 동영상
악영향	나쁜 영향
우려	근심하거나 걱정함
자제	자기의 감정이나 욕망을 스스로 억제함
중독	생체가 음식물이나 약물의 독성에 의하여 기능 장애를 일으키는 일

빈칸에 들어갈 적절한 단어를 보기에서 찾아 쓰세요.

보기   우려 악영향 권장 자제

❶ 비 소식에 체험학습을 가지 못할까 봐 ⬜ 가 돼.

❷ 아무리 좋아하는 것이라도 ⬜ 할 줄 알아야 해.

❸ 잘못된 행동이 친구에게 ⬜ 을 미칠 수 있어.

❹ 좋은 것은 ⬜ 하고, 나쁜 것은 하지 못하게 막아야 해.

차곡차곡 정리하기

1 기사 내용과 같으면 ○표, 다르면 ×표하세요.

① 어린이가 숏폼을 자주 시청하면 뇌 발달에 해로워요. ☐
② 어린이에게 권장되는 하루 영상 시청 시간은 3시간이에요. ☐
③ 팝콘 브레인은 빠르고 강렬한 자극에만 반응하는 뇌를 말해요. ☐
④ 전문가들은 어린이들에게 '숏폼'을 권장해요. ☐

2 새로 알게 된 정보를 정리해요.

중독성 있는 ㅅㅍ 을 자주 시청하는 것은 뇌에 ㅇㅇㅎ 을 주고, 읽고 이해하는 능력까지 떨어뜨릴 수 있다. 숏폼 시청을 하루 2시간 미만으로 정하여 시청을 ㅈㅈ 하여야 한다.

> 적정 시청 시간을 제시하여 적극적으로 해결 방법을 알리고 있어.

함께 생각하고 토론해요

- 알고리즘으로 좋아하는 주제의 숏폼이 계속 추천으로 뜬다면 어떤 일이 일어날까?
- 숏폼의 장단점은 무엇이 있을까?
- 숏폼을 보는 것 대신 할 수 있는 재미있는 일은 무엇이 있을까?

사회 | 해결책 모색

쌀보다 고기가 좋은 시대

경진이는 식탁에서 아빠가 들려주는 '아빠 어렸을 적 이야기'가 재미있어요. 아빠가 10살 때는 한 달에 한 번 고기를 먹을까 말까 했다고 해요. 외식도 할아버지가 월급을 받는 날에 어쩌다 한 번씩 하는 게 고작이었고요. 할아버지는 밥그릇 위로 밥이 불룩 솟아오르도록 많이 퍼담은 '고봉밥'을 매끼마다 드셨다는 이야기도 들려줬어요. 경진이는 아빠가 들려주는 옛날이야기가 다른 나라 이야기 같아서 너무 신기해요.

우리나라 국민들의 식습관은 얼마나 바뀌었을까요? 몇 가지 통계를 보면 잘 나타나요. 1인당 연간 쌀 소비량은 1984년 130kg을 기록했지만, 최근엔 56.7kg으로 줄어들었어요. 반면 육류 소비량은 1980년 11.3kg에서 58.4kg으로 늘었지요. 쌀보다 고기를 더 많이 먹는 시대가 온 거예요.

질병관리청에 따르면 최근 10년 동안 아침을 먹지 않는 비율과 지방을 통해 에너지를 섭취하는 비중이 늘었다고 해요. 특히 20대는 2명 중 1명이 아침 식사를 거르고 총 에너지의 약 30%를 지방으로 섭취하며, 10명 중 1명만이 과일 및 채소를 충분히 섭취하는 것으로 나타났어요.

이런 식습관의 변화는 각종 만성질환의 증가로 이어졌어요. 최근 10년 동안 만성 질환 변화를 살펴보면, 비만은 남자 20~50대에서 10% 포인트 정도 늘어났고, 30~50대 2명 중 1명이 비만이었어요. 고콜레스테롤혈증은 남녀 40대 이상에서 10% 포인트 이상 증가했어요.

10일 차

월 ___
일 ___

채소와 과일, 곡식과 육류, 해산물을 골고루 섭취하는 것은 중요해요. 또한 균형 잡힌 식생활만큼 중요한 게 활발한 신체 활동이에요. 보건복지부는 어린이에게 매일 한 시간 이상 적극적으로 신체 활동을 하라고 권고해요. TV 시청, 스마트폰, 컴퓨터 게임 등의 미디어 활용은 하루 2시간 이내로 제한하라고 하고요.

참고 자료
한국건강증진개발원

오늘의 해시태그

#올바른 식습관

▲채소, 과일, 우유 제품을 매일 먹자. ▲고기, 생선, 달걀, 콩 제품을 골고루 먹자. ▲아침을 꼭 먹자. ▲매일 밖에서 운동하고, 알맞게 먹자. ▲음식을 낭비하지 말자. ▲간식은 영양소가 풍부한 식품으로 하자. ▲식사 예절을 지키자.

기자가 알려 주는 신문 읽기

사회 변화를 짚어 보는 기사를 읽을 때는 어떻게, 왜 사회가 변했는지, 그래서 우리는 어떻게 해야 하는지에 주목하면 좋단다.

식생활이 곡류에서 육류로 바뀌었네.

그 결과 만성 질환이 늘고 있대.

알쏭달쏭 어휘

기사를 읽으며 알아 두면 좋은 단어들이에요.

권고	어떤 일을 하도록 권함
만성 질환	증상이 심하지는 않으나 오래 끌고 잘 낫지 않는 병을 통틀어 이르는 말
섭취	생물체가 양분 따위를 몸속에 빨아들이는 일
소비량	소비하는 분량
식습관	음식을 취하거나 먹는 과정에서 저절로 익혀진 행동 방식
제한	일정한 한도를 정하거나 그 한도를 넘지 못하게 막음
통계	어떤 현상을 종합적으로 한눈에 알아보기 쉽게 일정한 체계에 따라 숫자로 나타냄

빈칸에 들어갈 적절한 단어를 보기에서 찾아 쓰세요.

보기   제한   권고   섭취   식습관

❶ 좋은 [　　　]은 건강한 몸을 만들어.

❷ 영화를 관람할 때는 12세, 15세처럼 나이 [　　　]을 확인해.

❸ 지각 때문에 선생님께 5분 일찍 일어나기를 [　　　] 받았어.

❹ 더운 여름에는 물을 충분히 [　　　] 해야 해.

차곡차곡 정리하기

1 기사 내용과 같으면 ○표, 다르면 ×표 하세요.

❶ 지방 섭취가 늘며 각종 만성 질환이 증가하고 있어요. ☐
❷ 육류 소비량이 1980년 58.4kg에서 11.3kg으로 줄었어요. ☐
❸ 매일 두 시간 이상 신체 활동을 적극적으로 하라고 해요. ☐
❹ 20대는 2명 중 1명이 아침 식사를 거르고 있어요. ☐

2 새로 알게 된 정보를 정리해요.

> 고기를 쌀보다 많이 먹는 쪽으로 __ㅅㅅㄱ__ 이 바뀌면서 __ㅁㅅㅈㅎ__ 이 늘어나고 있다. 건강을 위해서는 음식을 골고루 먹고, 활발한 __ㅅㅊㅎㄷ__ 을 해야 한다.

> 바뀐 식습관으로 어떤 결과를 가져왔는지 찾아봐.

함께 생각하고 토론해요

- 한국인의 식습관은 어떻게 변해 왔을까?
- 식습관이 바뀌면서 나타난 변화는 무엇인가?
- 올바른 식습관이란 어떻게 먹는 것일까?

중급편

기사 읽기가 즐거워지다

사회 | 정보 전달

모르는 번호, 받을까? 말까?

10살 민서에게 모르는 번호로 전화가 왔다. 전화 속 낯선 목소리는 엄마를 찾았고, 민서는 엄마가 외출 중이라고 대답했다. 전화 속 남자는 급한 일이라며 민서에게 **인증** 문자를 보내 줄 테니 숫자를 불러 달라고 했다. 때마침 엄마가 귀가해 민서는 엄마에게 전화기를 넘겨주었다. 엄마는 전화 속 남자와 다툰 뒤 민서에게 보이스피싱 전화였다고 설명했다. 낯선 번호로 전화가 오면 받지 말고, 개인정보를 함부로 알려줘선 안 된다는 설명도 덧붙였다.

최근 금융감독원이 주최한 금융공모전 수상작의 내용이다. 보이스피싱은 음성(voice)과 낚시질(fishing)을 합쳐 만든 단어다. 전화를 이용해 개인정보를 **탈취**한 뒤 돈을 가로채는 사기 범죄를 일컫는 말로, 보이스피싱은 아이와 어른을 가리지 않고 피해를 준다.

통계청에 따르면 매년 3만 건 정도 보이스피싱 범죄가 발생한다. 첫 보이스피싱 사례가 발생한 2006년부터 최근까지 보이스피싱으로 인한 **누적** 피해 금액은 3조 8,000억 원을 넘었다. 보이스피싱 유형은 크게 금융 회사를 사칭하는 '**대출** 사기형'과 검찰 등을 **사칭**하는 '기관 사칭형'으로 나뉜다. 돈을 가로채는 수법으로 2020년부터는 현금을 직접 **인출**·전달하게 하는 '**대면**형'이 계속 늘어나 2021년에는 송금·이체 등 '비대면형' 방식보다 3배 이상 발생했다.

보이스피싱을 예방하기 위해선 개

11일차

기자가 알려 주는 신문 읽기

인정보 보호가 무엇보다 중요하다. 이를 위해 다음과 같은 방법을 추천한다. ▲SNS, 블로그, 카페 등 모두가 볼 수 있는 온라인 공간에 전화번호 등 자신과 가족의 개인정보를 올려 두지 않기 ▲모르는 번호로 전화가 오면 가급적 받지 않기 ▲아는 사람이 보낸 문자라도 출처가 확인되지 않은 인터넷 주소를 클릭하지 않기

참고 자료
통계청, 금융감독원

오늘의 해시태그

#보이스피싱과 어린이

어린이 또는 청소년에게 통장을 팔면 돈을 준다고 접근하는 사례가 적발됐다. 보이스피싱 조직이 범죄에 사용할 통장을 구하는 것이다. 통장을 사고파는 일은 범죄다.

알쏭달쏭 어휘

기사를 읽으며 알아 두면 좋은 단어들이에요.

누적	포개어 여러 번 쌓음
대면	서로 얼굴을 마주 보고 대함
대출	돈이나 물건 따위를 빌려주거나 빌림
사칭	이름, 직업, 나이, 주소 따위를 거짓으로 속여 말함
인증	어떠한 문서나 행위가 정당한 절차로 이루어졌다는 것을 공적 기관이 증명함
인출	은행에서 예금 따위를 찾음
탈취	빼앗아 가짐

대출, 인출, 인증…, 비슷해서 헷갈려.

알맞은 단어를 찾아 ○표 하세요.

❶ 도서관에서 책을 빌릴 때는 회원증을 [인증] [인정] 받아야 해.

❷ SNS에 누군가 나를 [사기] [사칭] 해서 글을 올렸어.

❸ 나쁜 사람들이 가게에서 물건을 [탈취] [인출] 해 갔어.

❹ 친구와 화해할 때는 [대면] [전화] 으로 이야기하는 게 좋아.

차곡차곡 정리하기

1 기사 내용과 같으면 ○표, 다르면 ×표하세요.

❶ 첫 보이스피싱 사례는 2006년에 발생했어요. ☐
❷ 모르는 번호로 온 전화나 문자는 꼭 받아야 해요. ☐
❸ 직접 만나서 전달하는 대면형 보이스피싱 범죄가 늘고 있어요. ☐
❹ 보이스피싱을 예방하기 위해서는 개인정보 보호가 가장 중요해요. ☐

2 새로 알게 된 정보를 정리해요.

ㅂㅇㅅㅍㅅ 은 전화를 이용해 개인정보를 ㅌㅊ 한 뒤 돈을 가로채는 사기 범죄를 말한다. 보이스피싱을 예방하기 위해서는 ㄱㅇㅈㅂ 보호가 무엇보다 중요하다.

> 기사를 읽을 때는 항상 무엇에 관해 이야기하고 있는지 가닥을 잡고 있어야 해.

함께 생각하고 토론해요

- 모르는 번호로 전화가 온다면 받을까, 말까?
- 보이스피싱을 예방하려면 어떻게 해야 할까?
- 주변에 보이스피싱을 당한 사람이 있다면 경험담을 나눠 보자.

정치/경제 | 생각과 태도 변화

무전취식 하다 걸린 쌍둥이

최근 한 인터넷 게시판에선 뷔페 아르바이트 경험담이 인기를 끌었다. 엄마가 중학생 아이와 함께 뷔페에서 식사를 했는데, 아이가 화장실에 다녀오면서 무언가 묘하게 바뀌어 있었더라는 것이다. 아르바이트생은 아이의 눈 옆에 있던 점이 없어졌고, 머리 모양도 약간 달라진 게 혹시 쌍둥이가 아닌가 하는 의심이 생겼다고 한다. 보고했더니 점장이 CCTV를 돌려보고 확인한 끝에 아이 엄마한테 가서, "3인 이용하셨네요? 학생 바통 터치한 것 다 찍혔고 외부 CCTV까지 확인했습니다."라고 말했다고 전했다. 엄마는 "아니에요."라고 벌벌 떨면서 부인했다고 한다. "신고하지 않을 테니 3인 요금을 내라."라는 요구에 아이 엄마는 그러겠다고 하고는 어디론가 전화했다. 나갔던 학생이 돌아와 셋이서 함께 밥을 먹었다고 한다. 이 이야기가 실제로 있었던 일인지는 확인되지 않았지만, 많은 언론사가 이 내용을 보도했다.

식당에서 밥을 사 먹고는 돈을 내지 않고 도망치는 이른바 '무전취식' 사례가 자주 보도된다. 생활고에 시달린 나머지 돈을 내지 못한 사례부터 술에 취한 김에 이유 없이 도망치는 사례까지 다양한 유형이다.

그러나 무전취식은 엄연한 범죄다. 무전취식은 경범죄처벌법에 따라 10만 원 이하 벌금·구류·과태료 등에 처할 수 있다. 무전취식 행위가 상습적이거나 고의성이 인정될 경우는 형법상 사기죄가 적용될 수도 있다. 만약 사기죄가 적용되면 10년 이하의 징역 또는 2,000만 원 이하의 벌금을 물릴 수 있다. 식당에서 음식을 주문하는 건 주인에게 "음식값을 낼 테니 음식을 주세요."라는 의미가 담겨 있다. 애초에 음식

12일 차

값을 낼 마음도 없이 음식을 달라고 한다면 이는 주인을 속이는 행위로 인정되어 사기죄가 적용될 수 있다.

참고 자료
법제처

오늘의 해시태그

#무전취식

값을 치를 돈도 없이 남이 파는 음식을 먹는다는 말이다. 음식을 만들기 위해 재료가 필요하고, 요리사의 노력과 경험이 들어가야 한다. 손님은 이렇게 만들어진 서비스를 제공받는 대가로 당연히 음식값을 내야 한다.

기자가 알려 주는 신문 읽기

알쏭달쏭 어휘

기사를 읽으며 알아 두면 좋은 단어들이에요.

경범죄	일상생활에서 일어날 수 있는 가벼운 위법 행위
고의	일부러 하는 생각이나 태도
과태료	의무 이행을 태만히 한 사람에게 벌로 물게 하는 돈
구류	죄인을 30일 미만 동안 교도소나 유치장에 가두어 자유를 속박하는 일
무전취식	값을 치를 돈도 없이 남이 파는 음식을 먹음
부인	어떤 내용이나 사실을 옳거나 그러하다고 인정하지 아니함
상습적	좋지 않은 일을 버릇처럼 하는 것
생활고	경제적인 곤란으로 겪는 생활상의 괴로움

단어가 어렵게 느껴질 수 있어. 한 번 읽고 가볍게 지나쳐도 좋아.

알맞은 단어를 찾아 ○표 하세요.

❶ 지각을 [상습적] [일회성] 으로 하는 것은 좋지 않은 습관이야.

❷ 동생은 잘못하고도 인정은커녕 잘못을 [수긍] [부인] 했어.

❸ [고의] [우발적] 로 친구와 부딪히는 행동은 갈등을 만들 수 있어.

❹ [과태료] [생활고] 에 시달리는 어려운 사람들을 찾아서 도와야 해.

차곡차곡 정리하기

1 기사 내용과 같으면 ○표, 다르면 ✕표하세요.

❶ 무전취식은 생활고에 시달리는 사람들만 해요. ☐
❷ 상습적으로 고의성을 가지고 무전취식을 하면 사기죄가 돼요. ☐
❸ 무전취식은 경범죄처벌법에 따라 처벌해요. ☐
❹ 엄마와 쌍둥이 두 아이가 무전취식 한 것으로 확인됐다. ☐

2 새로 알게 된 정보를 정리해요.

> 음식을 주문해 먹고는 값을 치르지 않고 도망치는 ㅁㅈㅊㅅ 사례가 보도되고 있다. 무전취식은 ㄱㅂㅈ 처벌법으로 처벌되지만, 음식을 주문할 때 애초에 돈을 낼 의도가 없었다면 ㅅㄱㅈ 로 처벌될 수도 있다.

 고의성은 죄가 더 커지는군요.

맞아. 상습적이기까지 하면 더욱 그 죄가 커진단다.

함께 생각하고 토론해요

- 음식을 먹은 뒤 돈을 내지 않고 도망치면 어떤 일이 생길까?
- 형편이 어려워 끼니를 걸러야 하는 친구를 위해 무엇을 할 수 있을까?
- 우리를 위해 집밥을 만들어 주시는 부모님께 고마움을 표현해 봐요.

사회 | 해결책 모색

학교 폭력을 말하다

최근 교육부 발표에 따르면 초등학교 4~6학년 학생의 3.9%인 4만 1,100명이 학교 폭력 피해를 경험한 것으로 나타났다. 피해 **유형**은 언어 폭력(36.9%), 신체 폭력(18.2%), 집단 따돌림(14.3%), **강요**(8.6%), 스토킹(6.5%), 사이버 폭력(5.9%) 순으로 나타났다. 가해자를 구분해 보면 같은 반(48.1%), 같은 학교 같은 학년(29.9%), 같은 학교 다른 학년(8.9%) 순으로 많았다.

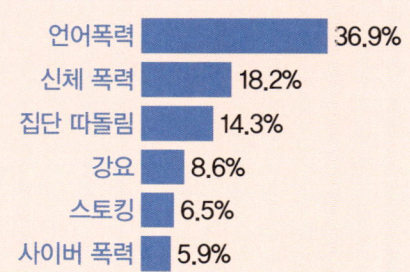

학교 폭력을 **목격**했을 때 어떻게 했는지를 묻는 물음에는 '피해를 받은 친구를 위로하고 도와줬다'라는 응답이 35.5%로 가장 많았다. '아무것도 하지 못했다'라는 응답은 27.4%로 두 번째로 많았고, '때리거나 괴롭히는 친구를 말렸다'(18.8%), '주위에 알리거나 신고했다'(17.3%)가 뒤를 이었다.

학교 폭력 가해 경험이 있는 학생들에게 이유를 물었더니, '장난이나 특별한 이유 없이'라는 응답이 33.7%로 가장 많았다. 다음은 '피해 학생이 먼저 괴롭혀서'(28.0%), '피해 학생과의 오해와 갈등으로'(10.7%) 순이었다.

학교 폭력은 피해자에게 깊은 상처를 남긴다. 푸른나무재단 조사 결과 학교 폭력 피해자 중 39%는 자살·**자해**를 생각한 것으로 나타났다. 학교를 가고 싶지 않다는 생각을 한 적이 있다는 응답은 77.9%에 달했다.

13일 차

월 일

사람이 모이면 반드시 갈등이 발생한다. 각자가 원하는 것과 생각하는 방식이 모두 제각각이기 때문이다. 그러나 인간은 갈등을 해결하는 지혜를 터득했다. 폭력 대신 대화와 타협으로 생각의 차이를 좁히는 방법이다. 학교도 마찬가지다. 친구를 괴롭히기보다, 친구의 입장에서 생각하고 적극적인 대화로 갈등을 푸는 시도를 해 보자. 또한 내가 어려운 상황에 처했다면 어른의 도움을 빌려 보자.

참고 자료
교육부

오늘의 해시태그

#학교 폭력의 최후

2026년부터 모든 대학교는 학교 폭력 조치 사항을 모든 전형에 필수로 반영해야 한다. 학교 폭력을 일으키면 아무리 공부를 잘해도 원하는 대학과 전공을 선택할 수 없다는 뜻이다. 한순간의 실수로 굉장히 오랫동안 후회하게 될 수 있다.

기자가 알려 주는 신문 읽기

기사에는 어두운 소식이 대부분이야. 세상이 모두 어둡기 때문이 아니라, 언론의 본래 역할이 비판이라서 그렇단다.

학교 폭력으로 많은 친구들이 상처받고 있구나.

그래서 우리 반은 혼자 있는 친구가 없게 꼭 함께 놀아.

알쏭달쏭 어휘

기사를 읽으며 알아 두면 좋은 단어들이에요.

강요	억지로 또는 강제로 요구함
목격	눈으로 직접 봄
방식	방법이나 형식
시도	어떤 것을 이루어 보려고 계획하거나 행동함
유형	성질이나 특징 따위가 공통적인 것끼리 묶은 하나의 틀
자해	자기 몸을 스스로 다치게 함
제각각	사람이나 물건이 모두 각각
타협	어떤 일을 서로 양보하여 협의함
터득	깊이 생각하여 이치를 깨달아 알아냄

빈칸에 들어갈 적절한 단어를 보기에서 찾아 쓰세요.

> 보기   목격 유형 타협 시도

❶ 모든 일에 성공할 순 없어. ☐ 하는 과정에서 더 많은 걸 배우지.

❷ 갈등이 생기면 내 주장만 우기기보다 ☐ 을 통해 조율하는 거야.

❸ 비가 오는 밤에 귀신을 보았다는 ☐ 담이 돌고 있어.

❹ 새로운 ☐ 문제는 한 번 더 생각해.

차곡차곡 정리하기

1 기사 내용과 같으면 ○표, 다르면 ✕표하세요.

① 학교 폭력 가해자는 다른 학교 다른 학년이 가장 많았어요. ☐
② 학교 폭력을 목격했을 때 친구를 위로하고 도왔다고 대답한 사람이 가장 많았어요. ☐
③ 사이버 폭력도 학교 폭력이에요. ☐
④ 어려운 상황에 처했다면 어른보다 친구의 도움을 받아야 해요. ☐

2 새로 알게 된 정보와 의견을 정리해요.

> 많은 아이들이 학교 폭력을 경험했다고 한다. 학교 폭력은 ㅍㅎㅈ 에게 깊은 ㅅㅊ 를 남기게 되므로, 폭력 대신 ㄷㅎ 와 ㅌㅎ 으로 생각의 차이를 좁히려 노력해야 한다.

> 폭력은 어떤 상황에서도 사용하면 안 된다는 걸 잊지 마!

함께 생각하고 토론해요

- 친구와 갈등이 생겼을 때는 어떻게 해결하면 좋을까?
- 학교 폭력을 목격했을 때는 어떻게 해야 할까?
- 학교 폭력을 미리 막을 방법이 있을까?

정치/경제 | 정보 전달

치솟은 과일 가격, 이유는?

최근 감귤값이 사상 **최고치**를 기록했다. 사과, 딸기, 단감 어느 한 종류 빼놓지 않고 과일이란 과일은 **죄다** 비싸졌다. 어른들은 과일값 무서워서 장을 못 보겠다며 한숨을 내쉰다.

과일값 **폭등**은 이상 기후의 영향이 크다. 딸기는 전년 여름에 계속된 폭염과 폭우로 딸기 **모종**이 잘 자라지 않아 딸기를 처음 따는 11월에 열매가 적게 열렸다. 이후에도 재배 면적이 줄어든 탓에 **수확량**이 줄면서 딸기값이 크게 올랐다.

딸기값이 오르자, 상대적으로 저렴한 감귤 쪽으로 수요가 몰렸다. 감귤은 12월 **출하량**이 전년에 비해 3% 늘었지만, 수요가 쏠리는 바람에 가격이 올랐다. 감귤은 유례없이 가격이 올라 사상 최고가를 기록했다. 사과와 배는 봄철 저온 피해와 함께 여름철 비 오는 기간이 길어지면서 탄저병 등 병충해의 영향으로 생산량이 전년보다 25% 정도 줄었다.

물건이나 서비스를 일정한 가격에 사려고 하는 욕구를 '**수요**'라고 부른다. 교환하거나 판매하기 위해 시장에 제공된 물건이나 서비스의 양을 '**공급**'이라 부른다. 수요가 공급보다 많으면 가격이 오른다. 반대로 수요가 공급보다 적으면 가격이 내린다.

학급 알뜰장터를 떠올려 보자. 지갑을 사고 싶은데, 비슷한 지갑을

14일 차

기자가 알려 주는 신문 읽기

내놓은 친구가 많다면 값이 싼 지갑을 고르게 된다. 반대로 지갑을 사고 싶은 사람은 여러 명인데 내놓은 지갑이 하나밖에 없다면 높은 가격을 부르는 친구가 지갑을 사게 된다.

과일을 먹고 싶은데 과일값이 비싸면 어떻게 해야 할까? 용돈을 많이 벌어서 과일을 사 먹거나, 과일 먹는 양을 줄이거나, 값이 싼 과일 통조림을 사 먹거나, 흠집이 나서 싸게 파는 과일을 고르는 다양한 방법이 있다.

참고 자료
한국은행 경제교육
카야의 좌충우돌 경제모험 135쪽

내가 어릴 적엔 경제 기사가 너무 재미없어서 읽지를 않았는데, 지나고 보니 기사를 통해 경제 상식을 쌓을 수 있는 정말 좋은 방법이었던 것 같아.

오늘의 해시태그

#수요공급의 법칙

시장에서 가격은 상품의 수요와 공급에 따라 결정된다. 즉, 물건이 남아돌면(공급↑) 가격은 내리고, 사려는 사람은 많은데(수요↑) 물건이 귀하면 가격은 오른다. 따라서 수요량과 공급량이 일치되는 점에서 가격이 결정된다.

내가 제일 좋아하는 과일이 사과인데. 요즘 비싸다고 안 사 주셔.

이게 다 이상 기후 때문이라니. 점점 이런 일이 많아지겠지.

알쏭달쏭 어휘

기사를 읽으며 알아 두면 좋은 단어들이에요.

공급	교환하거나 판매하기 위하여 시장에 재화나 용역을 제공하는 일. 또는 그 제공된 상품의 양
모종	옮겨 심으려고 가꾼, 벼 이외의 온갖 어린 식물
수요	어떤 재화나 용역을 일정한 가격으로 사려고 하는 욕구
수확량	농작물을 거두어들인 양
죄다	남김없이 모조리
최고치	가장 높은 값
출하량	생산자가 생산품을 시장으로 내어보낸 양
폭등	물건의 값이나 주가 따위가 갑자기 큰 폭으로 오름

수요와 공급만 정확하게 이해하면 된단다.

빈칸에 들어갈 적절한 단어를 보기에서 찾아 쓰세요.

보기: 공급 수요 출하량 폭등

❶ 풍년이 들어 수확량이 많으면 ☐ 이 많아져.

❷ 공급이 너무 많으면 가격이 폭락하고, 공급이 너무 적으면 ☐ 하지.

❸ ☐ 가 많아질수록 가격은 최고치에 가까워져.

❹ 가격이 너무 낮을 때는 ☐ 을 조절해 값이 떨어지는 걸 막아.

차곡차곡 정리하기

1 기사 내용과 같으면 ○표, 다르면 ×표 하세요.

❶ 과일값 폭등은 이상 기후와 관련이 있어요. ▢
❷ 딸기 수확량이 줄면 딸기값도 내려요. ▢
❸ 값이 오르면 상대적으로 저렴한 쪽으로 수요가 몰려요. ▢
❹ 공급과 수요는 서로 관련이 없어요. ▢

2 새로 알게 된 정보를 정리해요.

> 최근 과일값이 폭등했다. 이상 기후 탓에 과일 공급량이 부족했기 때문이다. ㄱㄱ 이 수요보다 ㅈㅇㅁ 가격이 오르고, 반대로 공급이 ㅅㅇ 보다 ㅁㅁㅁ 가격이 내려간다.

> 시장 가격은 이처럼 수요·공급의 법칙에 따라 결정된단다.

함께 생각하고 토론해요

- 과일값이 오른 이유는 어떤 것이 있을까?
- 시장에서 상품의 가격은 어떻게 결정될까?
- 꼭 사고 싶은 물건이 너무 비싸다면 어떻게 해야 할까?

인물 | 정보 전달

청소년 기후 운동가, 툰베리

스웨덴 출신의 기후 운동가 그레타 툰베리가 최근 영국 법원으로부터 무죄 판결을 받았다. 툰베리는 2023년 10월 에너지 기업의 최고 경영자들과 영국의 에너지 안보 장관 등이 참석하는 회의에서 참석자들의 회의장 진입을 막으려다 경찰에 체포됐다. 그러나 영국 법원은 툰베리가 공공질서를 위반했다는 증거가 없다고 밝히며 무죄를 선고했다.

2003년생인 툰베리는 15세였던 2018년 8월부터 매주 금요일마다 학교에 나가지 않고 스웨덴 국회 앞에서 기후 변화 대응 촉구 시위를 시작하며 유명해졌다. '학교 파업'이라고 불린 이 시위는 '미래를 위한 금요일(FFF)'이라는 슬로건 아래 세계로 확산됐다. 그 후 툰베리는 '청소년 기후 운동가'의 상징으로 여겨졌다.

툰베리는 졸업과 함께 마지막 학교 파업을 진행하며 "목소리를 낼 수 있는 사람은 그렇게 할 의무가 있다."라며 "모든 것을 바꾸려면 모든 사람이 필요하다."라고 말했다. 툰베리는 2019년 미국 뉴욕 UN(국제 연합) 본부에서 열린 유엔 기후 행동 정상 회의에서 연설한 이후 노벨평화상 후보로 꾸준히 이름을 올리고 있다. 같은 해 툰베리는 미국 경제 전문지 포브스가 선정한 '세계에서 가장 영향력 있는 여성 100인'에 최연소로 뽑히기도 했다.

우리나라에도 '청소년기후행동'이 있다. 청소년기후행동은 2018년 8월 기후 위기를 인식한 청소년들의 작은 모임에서 시작됐다. 이 단체는 2020년 3월엔 '청소년 기후 소송'을 제기했다. 기후 변화를 방치하는 정부와 국회를 상대로 헌법 소원을 낸 것이다. 청소년기후행동은 "미흡

15일 차

한 국가 온실가스 **감축** 목표가 우리의 생존권, 평등권, 인간답게 살 권리, 직업 선택의 자유 등의 기본권을 침해한다."라며 "정부와 국회의 기후 위기 방관은 위헌"이라고 주장했다.

참고 자료
미래를 위한 금요일, 청소년기후행동

오늘의 해시태그

#기후 운동가

기후 위기를 이겨내기 위해 바로 지금 할 수 있는 일을 해야 한다고 여러 가지 방법을 통해 세상에 알리는 사람들을 기후 운동가라고 부른다. 때로는 과격한 방식으로 메시지를 전달해 비판받기도 한다.

기자가 알려 주는 신문 읽기

알쏭달쏭 어휘

기사를 읽으며 알아 두면 좋은 단어들이에요.

감축	덜어서 줄임
선고	공판정에서 재판장이 판결을 알리는 일
슬로건	어떤 단체의 주의, 주장 따위를 간결하게 나타낸 짧은 어구
위반	법률, 명령, 약속 따위를 지키지 않고 어김
촉구	급하게 재촉하여 요구함
파업	노동 조건의 유지 및 개선을 위하여 노동자들이 한꺼번에 작업을 중지하는 일
헌법 소원	공권력에 의하여 국민의 기본권이 침해되었을 때 침해된 기본권의 구제를 청구하는 제도
확산	흩어져 널리 퍼짐

빈칸에 들어갈 적절한 단어를 보기에서 찾아 쓰세요.

보기 슬로건 파업 확산 감축

❶ '도전하는 용기를 갖자'는 [ ]은 과정에 집중하라는 말이야.

❷ [ ]은 자기 의사를 전달하기 위한 방법 중 하나야.

❸ 가짜 뉴스가 [ ]되면 사회가 혼란스러워지지.

❹ 용돈이 부족할 때는 중요하지 않은 예산을 [ ]하는 게 좋아.

차곡차곡 정리하기

1 기사 내용과 같으면 ○표, 다르면 ×표 하세요.

① 툰베리는 공공질서를 위반했다는 이유로 유죄를 선고받았어요. ☐
② 유엔 기후 행동 정상 회의에서 연설한 이후 툰베리는 노벨평화상을 받았어요. ☐
③ 툰베리는 청소년 기후 운동가로 활동하고 있어요. ☐
④ 우리나라에도 2018년 8월 청소년기후행동 모임이 활동을 시작했어요. ☐

2 새로 알게 된 정보를 정리해요.

> 그레타 ㅌㅂㄹ 는 15세 때 학교 ㅍㅇ 을 시작하며 기후 위기 대응을 촉구하는 목소리를 내기 시작해, 유엔 기후 행동 정상 회의에서 연설한 이후 ㄴㅂㅍㅎㅅ 후보로도 자주 이름을 올리고 있다.

 기사를 통해 알게 된 인물에 호기심이 생겼다면, 자료 조사를 해 봐. 인물 상식이 하나 더 추가될 거야.

함께 생각하고 토론해요

- 툰베리가 기후 운동가가 될 수 있었던 이유는 무엇일까?
- 이대로 온실가스를 배출한다면 2050년엔 어떤 일이 일어날까?
- 기후 위기를 멈추기 위해 우리는 어떤 일을 할 수 있을까?

IT/모바일 | 관심과 참여 유도

할머니가 주문을 못 한 이유

방학 때 할머니 댁에 간 지아는 햄버거를 사 주시겠다는 할머니의 말에 기쁜 마음으로 따라갔어요. 그러나 할머니는 키오스크 앞에서 쩔쩔매시며 주문을 하지 못하셨어요. 지아가 도와드린 뒤에야 주문을 완료할 수 있었죠.

▲기사 내용과 직접 관련이 없는 이미지

최근 한국소비자원 발표에 따르면 60대 이상 고령층은 키오스크 이용 경험이 다른 연령대에 비해 현저히 적은 것으로 나타났다. 특히 60대 이상은 62%가 대면 거래를 선호하는 것으로 나타났고, 다른 연령대는 비대면 거래를 선호하는 사람이 더 많았다.

키오스크 사용 중 불편을 느낀 사례에 대해 60대 이상은 '조작 어려움'이라고 응답한 비율이 53.6%로 가장 높았다. 20대는 '기기 오류', 30~50대는 '뒷사람 눈치'가 가장 높은 비중을 차지한 것과는 대조를 이룬다.

키오스크 이용 도중 중단한 경험이 있다는 60대 이상의 비율은 25%로, 다른 연령대에 비해 높았다. 키오스크 이용을 중단한 이유로 노인들은 '뒷사람 눈치'(71.2%)를 가장 많이 꼽았다. 다른 연령대는 '안내 부족'을 가장 큰 이유로 꼽았다. 한국소비자원이 수도권에 있는 키오스크를 조사한 결과 기기 대부분이 나라가 디지털 약자를 위해 정한 규칙을 지키지 않고 있는

16일차 ─ 월 / 일

것으로 나타났다. 60%는 이용 방법을 표시하지 않았고, 70%는 규정보다 글씨가 작았다.

우리도 언젠가는 할머니, 할아버지가 된다. 새로운 기술로 인해 어려움을 겪는 노인들에게 사용법을 알려 드리는 배려를 실천해 보면 어떨까? 디지털 약자를 배려하지 않는 키오스크를 운영하고 있는 업체들에게 정중하게 개선을 요청하는 메일을 보내는 것도 사회를 변화시키는 데 도움을 줄 수 있을 것이다.

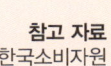

참고 자료
한국소비자원

오늘의 해시태그

#디지털 약자
디지털 전환 과정에서 소외되기 쉬운 장애인, 노약자 등의 취약 계층을 일컫는 말이다. 이런 분들이 디지털 기기를 잘 다루지 못해도 하고 싶은 일을 하고, 일상생활을 누릴 수 있도록 교육과 지원이 필요하다.

기자가 알려 주는 신문 읽기

기사에서는 보여 주고 싶은 자료만 골라내는 경우가 많단다. 기사에 인용된 원자료를 찾아보면 전체 내용을 파악할 수 있단다.

우리 할머니도 디지털 약자시구나. 다음엔 차근차근 내가 도와드릴 거야.

나도 천천히 주문하실 수 있게 조금 떨어져서 기다려야겠어.

알쏭달쏭 어휘

기사를 읽으며 알아 두면 좋은 단어들이에요.

개선	잘못된 것이나 부족한 것, 나쁜 것 따위를 고쳐 더 좋게 만듦
대조	서로 달라서 대비가 됨
선호	여럿 가운데서 특별히 가려서 좋아함
조작	기계 따위를 일정한 방식에 따라 다루어 움직임
키오스크	'거리의 가판대'라는 뜻으로, 현재는 각종 업무의 무인 자동화를 위해 공공시설 혹은 거리에 설치된 소형 구조물
현저히	뚜렷이 드러날 정도로

비교는 공통점을, 대조는 차이점을 중심으로 보면 돼.

빈칸에 들어갈 적절한 단어를 보기에서 찾아 쓰세요.

> 보기   개선 대조 선호 키오스크

❶ 무인 자동화를 위한 □□□□ 는 디지털 약자에겐 너무 어려워.

❷ 우리 반 친구들은 사과와 배 중에서 배를 더 □□ 해.

❸ 태극무늬의 빨간색과 파란색이 □□ 를 이루고 있어.

❹ 부족한 부분을 □□ 하면 더 좋은 결과를 가져올 수 있어.

차곡차곡 정리하기

1 기사 내용과 같으면 ○표, 다르면 ✕표하세요.

① 60대 이상을 제외한 연령층은 대면 거래를 선호해요. ☐
② 30~50대도 뒷사람 눈치에 영향을 받아요. ☐
③ 키오스크 대부분이 디지털 약자를 위한 규칙을 잘 지키고 있어요. ☐
④ 개선을 요청하는 메일을 보내는 것도 사회 변화에 도움을 줘요. ☐

2 새로 알게 된 정보를 정리해요.

ㄷㅈㅌ ㅇㅈ 들은 조작 어려움으로 인해 ㅋㅇㅅㅋ 로 주문하는 것을 어려워한다. 새로운 기술 때문에 ㅅㅇ 되는 사람들이 많아지지 않도록 개인과 기업이 노력해야겠다.

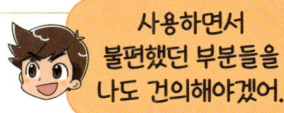

사용하면서 불편했던 부분들을 나도 건의해야겠어.

함께 생각하고 토론해요

- 키오스크 앞에서 디지털 약자들이 쩔쩔매는 이유는 무엇일까?
- 키오스크를 이용해 물건이나 음식을 주문할 때 불편한 점은 무엇일까?
- 디지털 약자를 위해 개선될 사항은 무엇이 있을까?

사회 | 정보 전달

우리 학교도 문을 닫을 수 있다

▲기사 내용과 직접 관련이 없는 이미지

 도시에서 나고 자란 경진이는 산골로 유학을 떠났다. 강원도 산골 마을 학교가 도시 학생에게 산골 체험을 할 수 있는 기회를 준 것이다. 작은 학교에는 전교생이 7명뿐이고, 마을에서 나고 자란 학생은 1명뿐이라 언제 폐교가 될지 모른다. 작은 학교는 도시 학생을 받아들여 폐교 위기에서 벗어나고, 도시 학생은 평생 한 번 있을까 말까 한 산골 생활 기회를 얻을 수 있어 좋다.

 뉴스에 인구 소멸 이야기가 많이 나오지만, 벌써 문을 닫는 학교들이 많이 나왔다. 전국적으로 문을 닫은 학교는 3,922곳에 이른다. 전남 839곳, 경북 737곳, 경남 585곳, 강원 479곳이 문을 닫았다. 서울에서도 4곳이 문을 닫았다.

 도시로 사람들이 몰려들고 도시 지역에서도 수도권으로 사람들이 몰려드는 현상이 지속되며, 젊은이들이 떠난 시골에는 아이들도 남아 있지 않다. 학교에 다닐 학생이 없으니 학교는 문을 닫는다. 마을 사람들은 학교가 문을 닫는 게 너무나도 싫다. 학교가 없으면 젊은 사람들이 아이를 데리고 들어와 살기를 꺼리게 된다. 학교가 사라지면 마을도 젊은이들이 들어오지 않는 사라질 마을이 돼 버리고 마는 것이다.

 도시 지역에서도 학교는 사라진다. 한 동네가 개발되고 거대한 새

17일 차 월 일

기자가 알려 주는 신문 읽기

아파트 단지가 들어서면 원래 있던 학교에서 새 아파트 쪽으로 학생들이 이사를 간다. 원래 있던 학교 동네는 학생이 줄어들고 결국 학교는 문을 닫게 된다.

경진이 아빠가 다녔던 초등학교는 한 학급이 60명이 넘었고, 한 학년에 반이 17개나 됐었다. 그러나 지금은 아이들이 줄어들면서 학급당 학생 수는 20명대로 줄어들었고, 학년당 학급도 5, 6개로 줄어들었다. 결국 나라가 없어진다는 인구 소멸이 그렇게 먼일이 아닐지도 모른다.

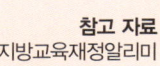 

참고 자료
지방교육재정알리미

오늘의 해시태그

#인구 소멸
태어나는 아기가 줄어들면 인구도 줄어든다. 우리나라는 사망자보다 출생자가 적어 이 추세가 계속된다면 언젠가는 인구가 0이 된다. 일자리가 많은 수도권, 대도시 지역보다 농산어촌 지역의 인구가 급격히 줄어들고 있다.

기사가 예전과 비교하는 내용이라면, 원자료를 찾아서 당시부터 지금까지 어떻게 변하고 있는지 그래프를 살펴보면 쉽게 이해할 수 있어.

꼭 도미노 같아.

학교가 사라지면 동네가 사라지고. 결국 나라까지…, 무서워.

알쏭달쏭 어휘

기사를 읽으며 알아 두면 좋은 단어들이에요.

개발	토지나 천연자원 따위를 유용하게 만듦
먼일	먼 앞날의 일
소멸	사라져 없어짐
수도권	수도를 중심으로 이루어진 대도시권
인구	일정한 지역에 사는 사람의 수
지속	어떤 상태가 오래 계속됨
폐교	학교의 운영을 폐지함. 또는 그렇게 된 학교

반대말과 함께 보니 기억이 오래가는걸.

알맞은 단어를 찾아 ○표 하세요.

❶ 화산 폭발로 인해 한 마을이 [소멸] [생성] 되었어.

❷ 여러 이유로 많은 사람들이 [지방] [수도권] 에 살고 싶어 해.

❸ 과도한 [보존] [개발] 은 자연환경을 파괴하기도 하지.

❹ 목표를 세워 한 가지 일을 [지속] [종료] 하다 보면 그 분야에서 달인이 될 수 있어.

차곡차곡 정리하기

1 기사 내용과 같으면 ○표, 다르면 ✕표하세요.

❶ 도시 학생을 위한 산골 체험은 작은 학교가 폐교되지 않게 도와요. ☐
❷ 도시에서도 폐교되는 학교가 있어요. ☐
❸ 폐교와 인구 소멸은 아무런 관계가 없어요. ☐
❹ 인구 소멸은 아직 먼 미래의 일이에요. ☐

2 새로 알게 된 정보를 정리해요.

전국적으로 ㅍㄱ 하는 학교가 늘어나고 있다. 사람들이 도시로,
ㅅㄷㄱ 으로 모여들어 ㅈㅂ 이 비어가기 때문이다. 도시에서도
ㄱㅂ 로 인해 같은 현상이 벌어지고 있다.

> 또 다른 이유로 저출산이 원인이 되고 있어.

함께 생각하고 토론해요

• 문을 닫는 학교가 늘어나는 이유는 무엇일까?
• 학교가 문을 닫으면 마을에는 어떤 영향을 끼치게 될까?
• 작은 학교가 문을 닫지 않을 방법으로 어떤 것들이 있을까?

환경 | 정보 전달

한국에선 흔한 세계적 멸종 위기종

▲고라니 ⓒ국립생물자원관

고라니는 전국 어디에나 서식하는 한국의 **토종** 야생 동물이다. 우리나라에 살고 있는 고라니는 50~60만 마리로 **추정**된다. 수가 많다 보니 농촌 지역에선 먹이 경쟁에서 밀려난 고라니가 밭으로 내려와 농작물을 망치는 일이 잦다. 이에 환경부는 고라니를 유해 야생 동물로 지정했다. 유해 야생 동물로 지정되면 사냥꾼을 동원해 **포획**하거나 사살할 수 있다.

고라니는 도로에서 자동차와 부딪혀 목숨을 잃는 '로드킬'을 많이 당한다. 우리나라에선 해마다 6만 마리가 넘는 야생 동물이 차에 부딪혀 죽는다. 한국도로공사에서 실시한 조사에 따르면 로드킬 희생 동물 10마리 중 8마리는 고라니였다.

그러나 세계로 시야를 넓히면 고라니는 우리나라와 중국 중동부에서만 살고 있는 희귀 동물로, 세계자연보전연맹이 **취약** 등급으로 정한 국제적 멸종 위기종이다. 요즘은 중국에서도 고라니 수가 급격히 줄어들고 있는데, 왜 유독 우리나라에서만 고라니가 흔한 것일까? 우리나라에는 고라니를 잡아먹는 상위 **포식자**가 존재하지 않기 때문이다. 자연 상태에선 늑대, 호랑이, 표범 등 대형 육식 동물이 고라니를 사냥해 적정한 개체 수가 유지된다. 그러나 한반도에선 인간의 마구잡이 사냥으로 인해 대형 육식 동

18일 차

물을 찾아보기 어렵다. 생태계의 균형이 파괴됐기 때문에 고라니 숫자가 불어난 것이다.

고라니와 인간의 공존은 불가능할까? 국립세종수목원은 공들여 키운 식물을 뜯어먹은 고라니 10여 마리를 사살해 환경 단체의 비판을 받았다. 이후 수목원은 고라니가 들어오지 못하도록 울타리를 치고 그 바깥에 고라니의 서식 공간을 조성해 피해를 막았다고 한다.

참고 자료
국가환경교육 통합플랫폼

오늘의 해시태그

#생태계의 균형

풀을 먹는 초식 동물을 육식 동물이 잡아먹는 것을 '먹이 사슬'이라고 부른다. 먹이 사슬이 잘 유지돼 있어야 생태계의 균형이 깨지지 않는다. 우리나라에선 일제강점기와 근대화 시기에 사람들이 대형 육식 동물을 함부로 사냥해 지금은 야생에서 대형 육식 동물을 찾아보기 어렵다.

기자가 알려 주는 신문 읽기

기사를 보다가 모르는 단어가 나오면 사전을 찾아보렴. 온라인 사전보다는 종이책으로 된 사전을 찾아보는 게 더 오래 기억에 남는단다.

로드킬을 막기 위해 최근엔 도로 위로 생태통로를 만들고 있대.

도로로 뛰어들지 못하게 울타리도 설치하고 말이지.

알쏭달쏭 어휘

기사를 읽으며 알아 두면 좋은 단어들이에요.

공존	서로 도와서 함께 존재함
서식	생물 따위가 일정한 곳에 자리를 잡고 삶
추정	미루어 생각하여 판정함
취약	무르고 약함
토종	본디부터 그곳에서 나는 종자
포식자	다른 동물을 먹이로 하는 동물
포획	짐승이나 물고기를 잡음

빈칸에 들어갈 적절한 단어를 보기에서 찾아 쓰세요.

> 보기   서식 추정 포획 공존

❶ 사람과 자연이 ▢▢▢ 할 수 있는 방법을 찾아야 해.

❷ 뒷산은 꿩 가족이 ▢▢▢ 할 수 있는 좋은 환경을 가졌어.

❸ 시계를 고장 낸 사람이 누나라고 ▢▢▢ 할 수 있는 증거가 나왔어.

❹ 산에서 내려온 멧돼지를 ▢▢▢ 하기 위해 경찰이 수색 작업 중이야.

차곡차곡 정리하기

1 기사 내용과 같으면 ○표, 다르면 ×표하세요.

① 우리나라에는 고라니의 상위 포식자가 존재해 생태계 균형이 잘 지켜져요. ☐
② 고라니는 아시아에서 정한 국제적 멸종 위기종이에요. ☐
③ 우리나라에서 고라니는 유해 야생 동물로 사냥꾼이 포획할 수 있어요. ☐
④ 로드킬 희생 동물 10마리 중 8마리는 고라니예요. ☐

2 새로 알게 된 정보를 정리해요.

> ㄱㄹㄴ 는 국제적 멸종 위기종이지만, 우리나라에서 흔하게 볼 수 있다. 왜냐하면 우리나라에는 고라니의 ㅅㅇㅍㅅㅈ 가 없기 때문이다.

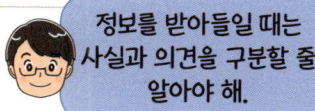

정보를 받아들일 때는 사실과 의견을 구분할 줄 알아야 해.

함께 생각하고 토론해요

- 고라니는 왜 세계적인 멸종 위기 동물로 지정되었을까?
- 우리나라에서 고라니는 왜 유해 야생 동물로 지정되었을까?
- 고라니가 적당한 개체 수를 유지하는 방법은 무엇이 있을까?

과학 | 정보 전달

자율 주행 심야 버스 등장!

늦은 밤 버스에 올라탄 승객들은 달리는 버스에서 운전사가 두 손으로 머리 위에서 하트를 만드는 모습을 목격했다. 일반 버스였다면 깜짝 놀랄 만한 일이었겠지만, 이 버스의 승객들은 오히려 환호성을 질렀다. 자율 주행 버스였기 때문이다.

최근 서울시가 자율 주행 무인 버스 운행을 시작했다. 심야 무인 버스를 실제 도로에서 정기적으로 운행하는 것은 세계 최초다. 심야 무인 버스는 대학가, 대형 쇼핑몰 등이 밀집해 심야 이동이 많은 합정역~동대문역 중앙버스전용차로 구간 9.8km를 순환한다. 월~금요일, 오후 11시 30분부터 다음 날 오전 5시 10분까지 운행하며, 요금은 무료다.

현행법상 운전석에 운전사가 탑승하도록 규정돼 운전사가 배치돼 있다. 그러나 무인 버스 운전사의 임무는 운전이 아니라 급정거 등 돌발 상황에 대응하는 것이다. 승차 문과 인접한 앞좌석엔 모니터와 컴퓨터가 부착돼 있고 이를 운용하는 오퍼레이터가 자리에 앉아 있다. 나머지는

▲서울 심야 자율 주행 버스 ⓒ서울시

19일 차

일반 버스와 전혀 다를 바 없는 모습이다.

　기계 오류 또는 오작동으로 인한 안전사고 가능성과 보행자나 오토바이 또는 다른 차량이 급작스럽게 끼어드는 돌발 상황에 대비해 여러 가지 안전장치도 마련했다. 무인 버스는 전 좌석에 안전벨트가 설치돼 있으며 **입석**이 금지된다. 급정거 상황을 대비한 조치다. 사고를 대비한 보험에도 가입했다. 서울시는 무인 버스 운행 구간을 점차 늘리고, 노선도 추가하는 방안을 검토하고 있다.

참고 자료
내 손안에 서울

오늘의 해시태그

#자율 주행 자동차
운전자의 개입 없이 주변 환경을 인식하고 주행 상황을 판단해 스스로 주어진 목적지까지 주행하는 자동차를 말한다.

기자가 알려 주는 신문 읽기

새로운 제도나 법, 서비스가 시작되면 알려 주는 정보성 기사를 볼 수 있지. 내게 필요한 게 시작되지 않았는지 잘 살펴보렴.

나도 무인 버스 타 보고 싶다. 너무 신기할 거 같아.

그러게. 우리 같이 타러 가자.

알쏭달쏭 어휘

기사를 읽으며 알아 두면 좋은 단어들이에요.

돌발	뜻밖의 일이 갑자기 일어남
밀집	빈틈없이 빽빽하게 모임
심야	깊은 밤
운행	정하여진 길을 따라 차량 따위를 운전하여 다님
인접	이웃하여 있음. 또는 옆에 닿아 있음
입석	지정된 자리가 없어 서서 타거나 구경하는 자리
현행법	현재 시행되고 있으며, 현실적으로 정립되고 효력을 가지는 법률
환호성	기뻐서 크게 부르짖는 소리

빈칸에 들어갈 적절한 단어를 보기에서 찾아 쓰세요.

보기: 돌발 밀집 심야 현행법

❶ [　　　]에는 층간 소음에 더욱 신경 써야 해.

❷ 불법 다운로드를 [　　　]에서 금지하고 있지.

❸ 수업 시간에 갑자기 춤을 추는 친구의 [　　　] 행동에 모두 당황했어.

❹ 불꽃놀이를 보기 위해 한강에 많은 사람이 [　　　]했어.

차곡차곡 정리하기

1 기사 내용과 같으면 ○표, 다르면 ×표 하세요.

❶ 대학가, 대형 쇼핑몰 등이 밀집해 심야 이동이 많은 구간을 순환해요. ☐
❷ 무인 버스는 전 좌석에 안전벨트가 설치돼 있고, 서서 갈 수도 있어요. ☐
❸ 심야 자율 주행 무인 버스를 서울시에서 정기적으로 운행하고 있어요. ☐
❹ 자율 주행 무인 버스에는 운전사가 필요 없어요. ☐

2 새로 알게 된 정보를 정리해요.

서울시가 늦은 밤부터 새벽까지 운행하는 심야 ㅈㅇㅈㅎ 무인 버스를 도입했다. 돌발 상황에 대비해 운전사 배치, 전 좌석 ㅇㅈㅂㅌ 착용과 함께 ㅇㅅ 을 금지했다.

> 객관적인 사실만 정리되었는지 확인해 봐.

함께 생각하고 토론해요

- 자율 주행 무인 버스와 일반 버스가 다른 점은 무엇일까?
- 자율 주행 자동차가 널리 보급되면 어떤 점이 좋고, 나쁠까?
- 오늘날 자율 주행 자동차 기술은 어디까지 발전했을까?

예술 | 생각과 태도 변화

콘서트 표가 3배나 올랐다

'벚꽃 엔딩'으로 유명한 가수 장범준 씨가 최근 콘서트를 취소했다. 앞서 장범준 씨는 "작은 규모의 공연인데 암표가 너무 많이 생겼다. 정상적인 경로 외에는 구매하지 말아 달라."고 호소했다. 결국 공연 이틀 전에 암표 문제를 해결할 수 없었다면서 공연 티켓 예매를 전부 취소한다고 밝혔다. 온라인 중고 거래 사이트엔 정가보다 3배나 비싼 가격으로 티켓을 판매한단 글이 올라오기도 했다.

이처럼 각종 공연과 운동 경기 등에서 암표 거래가 기승을 부리고 있다. 한국콘텐츠진흥원에 따르면 2020년 359건이었던 암표 신고 건수는 2022년 4,244건으로 크게 늘었다. 온라인 예매가 시작되면 암표상이 '매크로'라고 부르는 컴퓨터 프로그램을 이용해 입장권을 싹쓸이하기 때문에 일반인은 표를 구하기

▲기사 내용과 직접 관련이 없는 이미지

가 굉장히 어렵게 된 것이다. 암표 거래가 늘어나면 사기 피해를 당하는 관람객이 많아진다. 정당하게 입장권을 구매할 기회를 잡을 수 없는 관람객들은 정가보다 비싼 값을 주고 암표를 구매한다. 결국에는 관람객의 공연 관람 횟수가 줄고 공연 산업 전체에 피해를 주게 된다.

암표가 기승을 부리는 원인으로는 느슨한 처벌 규정이 꼽힌다. 현재 암표를 사거나 파는 행위는 경범죄처벌법에 따라 단속한다. 그러나 최대 20만 원의 벌금에 그치기 때

20일 차

문에 암표를 팔아 큰돈을 버는 암표상을 제어하기엔 역부족이다. 개정된 공연법에서는 매크로를 이용한 티켓 되팔기를 불법으로 보고 1년 이하 징역이나 1,000만 원 이하 벌금으로 처벌한다.

내가 좋아하는 아이돌 콘서트에 가고 싶은데 표가 없다고 비싼 값에 암표를 사서 공연을 보러 가는 일이 반복된다면 공연 산업 전체가 위축되고, 결국 내가 좋아하는 아이돌에게도 피해가 간다.

참고 자료
중앙일보

오늘의 해시태그

#암표 매매

공연이나 운동 경기의 입장권은 좌석 수만큼 발매되고 판매된다. 그래서 입장권이 다 팔려 버리면 더는 표를 구할 수가 없다. 이때 웃돈을 붙여 몰래 파는 입장권을 암표라고 하는데, 암표상은 차익을 노리고 대량으로 표를 구매한 뒤 암표로 판매하는 것이다.

기자가 알려 주는 신문 읽기

범죄에 대해 설명하는 기사를 만나면 왜 해당 범죄를 규제하는지, 모두가 법을 어기면 어떤 일이 생길지 생각해 보렴.

불법으로 암표를 구하려다가 돈만 떼이는 사기 사건도 있었어.

암표는 절대 사면 안 돼!

알쏭달쏭 어휘

기사를 읽으며 알아 두면 좋은 단어들이에요.

기승	기운이나 힘 따위가 성해서 좀처럼 누그러들지 않음
매크로	여러 개의 명령어를 묶어 하나의 키로 동작하게 만든 것
싹쓸이	모두 다 쓸어버리는 일
암표	법을 위반하여 몰래 사고파는 각종 탑승권, 입장권 따위의 표
역부족	힘이나 기량 따위가 모자람
위축	어떤 힘에 눌려 졸아들고 기를 펴지 못함
제어	상대편을 억눌러서 제 마음대로 다룸
호소	억울하거나 딱한 사정을 남에게 간곡히 알림

알맞은 단어를 찾아 ○표 하세요.

❶ 이 무거운 걸 혼자 드는 건 위축 역부족 이야.

❷ 매크로 제어 를 이용한 대량 티켓 구매를 막아야 해.

❸ 여름이 다가오자 모기가 기승 호소 을 부리는군.

❹ 아무리 보고 싶은 것이라도 입장권 암표 를 사는 건 안 돼.

차곡차곡 정리하기

1 기사 내용과 같으면 ○표, 다르면 ×표하세요.

❶ 온라인 예매에서 암표상은 매크로를 이용해 입장권을 싹쓸이해요. ☐
❷ 암표로 입장권을 구매하면 정가보다 싼 값을 주고 살 수 있어요. ☐
❸ 암표를 사거나 파는 행위는 경범죄처벌법에 따라 단속되지요. ☐
❹ 암표가 활성화되면 공연 산업 전체가 위축될 수 있어요. ☐

2 새로 알게 된 정보를 정리해요.

> 각종 공연과 운동 경기 등에서 ㅇㅍ 거래가 기승을 부리고 있다. 암표상이 ㅁㅋㄹ를 이용해 입장권을 ㅆㅆㅇ하여 일반인이 비싼 값을 주고 암표를 구매하면, 결국 관람객의 공연 관람 횟수가 줄고 공연 산업 전체에 피해를 주게 된다.

> 의견을 제시하지 않았지만, 기사를 보며 어떻게 행동할지 생각하게 되지.

함께 생각하고 토론해요

- 암표는 왜 생기는 걸까?
- 암표를 왜 나쁘다고 할까?
- 암표를 없애려면 어떤 방법이 있을까?

상급편

기사에 관한 깊은 생각을 나누다

예술 | 생각과 태도 변화

AI 그림을 예술이라 할 것인가?

최근 미국에서 열린 미술 대회에서 AI(인공지능) 프로그램 '미드저니'로 그린 출품작이 상을 받아 화제가 됐다. 미드저니는 그리고 싶은 내용을 입력하면 이미지로 만들어 주는 프로그램이다. 그러나 AI 프로그램이 그렸다는 게 알려지자 '사람이 그리지 않은 그림을 수상작으로 선정하는 것이 정당한가?'라는 논란이 일었다.

그러나 논란은 금방 가라앉았다. 상을 받은 작품은 디지털아트 부문에 출품됐는데, '디지털 기술을 창작 또는 프레젠테이션 과정의 일부로 사용하는 예술 행위가 허용된다.'라는 규정이 적용됐기 때문이다. 출품자도 자신의 이름과 함께 미드저니 프로그램을 사용했다는 점을 확실하게 밝혔다. 주최 측은 "심사위원들은 미드저니가 인공지능 프로그램이라는 사실은 몰랐지만, 그 사실을 알았더라도 최우수상을 줬을 것."이라고 밝혔다.

이후 열린 한 국제사진전에서도 AI로 만든 작품이 출품돼 수상작으로 선정됐지만, 출품자가 수상을 거부하는 일이 있었다. 출품자는 AI가 생성한 이미지가 대회에 나설 수 있는지 확인하기 위해 출품했다고 밝혔다. 그는 "여러분 중 이 작품이 AI에 의해 생성됐다는 것을 눈치채거나 의심한 사람이 얼마나 되느냐?"라고 물었다. 이어서 "AI 이미지와 사진은 이런 대회에서 경쟁해선 안 된다. AI는 사진 예술이 될 수 없다."라고 수상 거부 이유를 밝혔다.

선생님이 그림을 그려 오라는 숙제를 내줬을 때 AI 프로그램을 이용해 그린 그림을 출력해 가져가면 어떻게 될까? 아마도 칭찬을 듣지는 못할 것이다. 학교에서 미술

21일차

기자가 알려 주는 신문 읽기

기술 발전과 함께 새로운 현상이 나타난다는 기사를 유심히 보면, 최신 트렌드를 파악하는 동시에 생각을 넓힐 수 있단다.

숙제를 내주는 건 그림을 그려 보면서 미술과 친해지고, 그림 그리는 기쁨을 느껴 보라는 **취지**가 담겨 있기 때문이다. 또한, AI가 그린 그림을 **별다른** 설명도 없이 자신이 스스로 그렸다고 하는 것은 거짓말과 같다.

참고 자료
한국저작권위원회

오늘의 해시태그

#정직한 AI 이용법

AI에 지시를 입력하면 세상에 없던 새로운 이미지가 탄생한다. 그러나 이것은 AI를 개발할 때 수많은 다른 사람의 그림을 학습하여 나오는 결과다. AI가 지시에 맞춰 다른 그림 여러 가지를 조합해 새로운 이미지를 만들어 내는 것이다. 따라서 예술성 논란을 떠나 AI로 만들었다는 걸 밝혀야 한다.

AI가 대단하다고 해서 나도 한번 사용해 보고 싶었어.

그전에 우리가 바르게 사용하려는 노력이 우선되어야 하는 건 알고 있지?

알쏭달쏭 어휘

기사를 읽으며 알아 두면 좋은 단어들이에요.

거부	요구나 제의 따위를 받아들이지 않고 물리침
논란	여럿이 서로 다른 주장을 내며 다툼
별다른	다른 것과 특별히 다르다
생성	사물이 생겨남
수상작	상을 받은 작품
출품작	전람회, 전시회, 품평회 따위에 내어놓은 작품
취지	어떤 일의 근본이 되는 목적이나 긴요한 뜻
화제	이야기할 만한 재료나 소재

빈칸에 들어갈 적절한 단어를 보기에서 찾아 쓰세요.

보기   논란 생성 출품작 취지

❶ 과학 그리기 대회에서 내 ☐ 이 상을 받았어.

❷ 요즘 AI와 관련된 저작권 문제가 ☐ 이 되고 있어.

❸ 새로운 기술이 ☐ 될수록 사람들은 더욱 편리해지지.

❹ 내가 말하려는 ☐ 는 그게 아니야.

차곡차곡 정리하기

1 기사 내용과 같으면 ○표, 다르면 ×표 하세요.

❶ 그리고 싶은 내용을 입력하면 AI가 이미지로 만들어 준다. ☐
❷ 미술 대회 출품자는 자신의 이름만 적고, AI를 사용한 것을 숨겼다. ☐
❸ 미술 대회에서 AI 프로그램으로 그린 출품작은 수상이 취소되었다. ☐
❹ 'AI는 사진 예술이 될 수 없다'며 수상을 거부한 사람이 있다. ☐

2 새로 알게 된 정보를 정리해요.

> AI(ㅇㄱㅈㄴ)를 이용해 만든 작품을 출품해 상을 받았다는 소식과 함께 AI로 만든 작품을 ㅇㅅ 로 인정할 수 있느냐는 ㄴㄹ 이 일고 있다. AI가 ㅅㅅ 한 작품은 반드시 AI로 만들었다는 것을 밝혀야 한다.

 AI 사용이 점차 일상화될 거야. 어떤 점에 주의해야 하는지 잘 알아 두렴.

함께 생각하고 토론해요

- AI를 이용할 때 좋은 점과 나쁜 점은 무엇일까?
- 미술 숙제를 AI로 그려도 될까?
- AI로 만들어 낸 글이나 그림을 사용할 때 주의할 점은 무엇일까?

스포츠 | 정보 전달

올림픽 종목에 야구가 없는 이유

▲기사 내용과 직접 관련이 없는 이미지 ⓒ김동환

 최근 국제올림픽위원회(IOC)는 2028 로스앤젤레스 올림픽에 야구를 포함한 5개 종목이 추가로 **채택**됐다고 밝혔다. IOC는 2020 도쿄 올림픽 때부터 **개최국**이 자국 내 흥행에 유리한 다섯 가지 종목을 추가하는 제도를 실시하고 있다. 개최국 추가 종목은 이전 **시범** 종목과 달리 **정식** 종목으로 인정돼 메달 집계에 공식적으로 포함된다.

 야구는 2008 베이징 올림픽 이후 올림픽 종목에서 빠졌다가 2021년 열린 2020 도쿄 올림픽 때 추가 종목으로 채택됐다. 이후 2024 파리 올림픽에서는 개최국 추가 종목에 들지 못했다. 도대체 왜 야구는 올림픽 종목에 들어갔다 나오기를 되풀이하는 걸까? 이유는 세계적인 인기를 끌지 못하기 때문이다.

 축구와 비교해 보면, 축구는 2022 카타르 월드컵 지역 예선 **참가국**이 209개국이었다. 반면 야구는 2023 월드 베이스볼 클래식(WBC) 대회 참가국이 지역 예선을 포함해도 28개국에 그친다. 한국, 미국, 일본, 대만 등 일부 나라를 제외하고는 야구가 크게 인기를 끌지 못하는 것이다.

 이렇다 보니 야구를 즐기지 않는 나라에서 올림픽을 개최하면 정식 종목에서 빠지고, 야구를 좋아하는 나라가 개최국이 되면 종목에 포함되는 일이 반복되는 것이다. 올림픽 개최와 경기장 건설에 큰돈이 들기 때문에 개최국과 IOC는 큰 수익을 올릴 수 있는 종목을 **선**

22일 차

기자가 알려 주는 신문 읽기

기사를 볼 때 작은 사실을 꼼꼼히 챙기면서도 큰 그림을 볼 수 있어야 해. 사실을 파악했다면, 원인에 대해서도 생각해 보자.

호하게 된다. 2032년 올림픽이 호주 브리즈번에서 열리기 때문에 야구는 그때까지 정식 종목으로 잔류할 가능성이 짙다. 호주는 세미프로 리그를 꾸리고 있고 WBC에도 참가하는 등 야구붐 조성에 힘을 쓰고 있기 때문이다.

2024 파리 올림픽에서 채택된 개최국 추가 종목은 브레이크 댄스, 서핑, 스케이트보드, 스포츠클라이밍이다.

참고 자료
세계야구소프트볼연맹

오늘의 해시태그

#올림픽 종목 선정 기준

국제올림픽위원회는 '세계적으로 인기가 있는지', '남자부와 여자부 경기가 모두 있는지' 등의 기준을 가지고 찬반 투표를 거쳐 올림픽 정식 종목을 선정한다. 개최국은 다섯 종목을 추가해 달라고 요청할 수 있는데, 대체로 개최국의 의사가 반영되는 편이다.

알쏭달쏭 어휘

기사를 읽으며 알아 두면 좋은 단어들이에요.

개최국	모임이나 회의, 대회 따위를 주최하여 여는 나라
선호	여럿 가운데서 특별히 가려서 좋아함
시범	모범을 보임
세미프로	직업적으로 활동을 하지는 않으나 전문적인 지식이나 소양을 가지고 있는 사람
야구붐	야구가 유행하거나 번성함
참가국	국제적 행사, 모임, 기구, 협약 따위에 참가한 나라
채택	작품, 의견, 제도 따위를 골라서 다루거나 뽑아 씀
충족	넉넉하여 모자람이 없음

빈칸에 들어갈 적절한 단어를 보기에서 찾아 쓰세요.

> 보기   개최국 시범 채택 충족

❶ 가족회의를 거쳐 가훈을 [　　　]하기로 했어.

❷ 친구들 앞에서 태권도 [　　　]을 보여 주었어.

❸ 조건을 모두 [　　　]해야 대표 선수가 될 수 있어.

❹ 2024년 올림픽 [　　　]은 프랑스야.

차곡차곡 정리하기

1 기사 내용과 같으면 ○표, 다르면 ×표하세요.

❶ 도쿄 올림픽 때부터 개최국이 세 가지 추가 종목을 선택할 수 있다. ☐
❷ 세계적으로 인기를 끄는 종목이 올림픽 정식 종목이 될 수 있다. ☐
❸ 파리 올림픽에서는 야구를 볼 수 없다. ☐
❹ 개최국과 IOC는 수익을 중요하게 생각하지 않는다. ☐

2 새로 알게 된 정보를 정리해요.

2024 __ㅍㄹ__ 올림픽에서는 __ㅇㄱ__ 를 볼 수 없다. 국제올림픽위원회가 종목에서 제외했고, __ㄱㅊㄱ__ 추가 종목으로도 선정되지 않았기 때문이다. 그러나 2028 __ㄹㅅㅇㅈㄹㅅ__ 올림픽에서는 다시 개최국 종목으로 채택되었다.

> 우리나라가 개최국이라면 어떤 종목을 넣었을까? 생각해 보렴.

함께 생각하고 토론해요

- 2024 파리 올림픽 종목에서 야구가 빠진 이유는 무엇일까?
- 개최국에서 추가 종목을 선택하는 제도에 대해 어떻게 생각하는가?
- 근대 올림픽 이후 한 번도 빠지지 않고 채택된 종목은 무엇이 있을까?

사회 | 관심과 참여 유도

어린이가 갈 수 없는 카페

최근 열린 대한민국 아동총회에서 아동 대표들은 14개 항목으로 이뤄진 결의문을 채택했다. 첫 번째 항목은 노키즈존 철폐였다. 아동 대표들은 "민폐라는 행위의 잘못을 아동에게 돌리고 차별하는 노키즈존을 없애고 예스키즈존을 확대해 주세요."라고 요구했다.

최근 보건복지부는 노키즈존 사업장 실태를 조사해 발표했다. 복지부는 인터넷 공시 등을 통해 노키즈존 사업장 558곳을 추려냈고, 이 가운데 340곳이 실제로 노키즈존을 운영하고 있는 것을 확인했다. 노키즈존 사업장 업종은 커피/휴게음식점업, 제과점업이 76.1%로 가장 많았다. 노키즈존을 운영하는 이유로는 안전사고 발생 시 업주 배상 책임 부담이 과도해서 68%, 아동의 소란 행위에 따른 다른 손님과 마찰 때문에 35.8%, 조

▲기사 내용과 직접 관련이 없는 이미지

용한 가게 분위기를 원해서 35.2% 순으로 많았다.

매장에 어린이 출입을 금지하는 노키즈존은 2010년대 중반부터 확산하기 시작했다. 2012년 서울 대형 서점 식당에서 어린이가 뛰어다니다가 어른과 부딪혀 뜨거운 국물에 화상을 입는 사건이 계기가 됐다. 업주들은 매장 내에서 어린이 관련 사고가 발생하면 배상 책임을 질까 봐 우려했다. 매장 이용자들은 유아나 어린이가 큰 소리를 내거나 뛰어다니는 등 소란을 일으킨다는 이유로 노키즈존에 찬성했다.

결국 인권위원회가 아동을 일률적으로 이용 대상에서 제외하는 것

23일 차

월 일

은 합리적 이유가 없는 차별 행위라는 결정을 내렸다. 모든 아동이 다른 이용객에게 피해를 주는 것은 아니며, 아동 입장을 금지하는 것 말고도 다른 이용객 피해를 막을 여러 방법이 있다고 판단했다. 그러나 인권위 권고는 **강제력**이 없어 아직도 많은 업주가 자기 판단에 따라 노키즈존을 운영하고 있다.

참고 자료
보건복지부, 국가인권위원회

오늘의 해시태그

#노키즈존 확산

2010년대 중반 음식점 또는 카페에서 아기가 계속 울고 어린이가 뛰어다녀도 그대로 두는 부모들이 크게 조명받은 적이 있다. 매장 운영자는 어린이가 사고를 내면 배상 책임을 지는 것을 두려워했고, 다른 손님과 갈등을 빚는 것을 꺼렸다. 그후 하나둘 노키즈존이 생기기 시작하며 전국적으로 확산됐다.

기자가 알려 주는 신문 읽기

알쏭달쏭 어휘

기사를 읽으며 알아 두면 좋은 단어들이에요.

강제력	권력이나 위력으로 남의 자유의사를 억눌러 원하지 않는 일을 억지로 시키는 성질
과도	정도에 지나침
노키즈존	어린아이들의 출입을 금지하는 곳
마찰	이해나 의견이 서로 다른 사람이나 집단이 충돌함
민폐	민간에 끼치는 폐해
배상	남의 권리를 침해한 사람이 그 손해를 물어 주는 일
안전사고	안전 교육의 미비, 또는 부주의 따위로 일어나는 사고
철폐	전에 있던 제도나 규칙 따위를 걷어치워서 없앰

빈칸에 들어갈 적절한 단어를 보기에서 찾아 쓰세요.

보기 마찰 민폐 안전사고 철폐

❶ 오래된 규칙이라도 잘못된 규칙은 [ ] 되어도 마땅해.

❷ 자전거를 탈 때는 보호 장구를 착용해야 [ ] 를 대비할 수 있어.

❸ 공공장소에서는 공중도덕을 지켜 [ ] 를 끼치지 않아야 해.

❹ 감정 싸움이 깊어지면 친구 사이에도 [ ] 이 생겨.

차곡차곡 정리하기

1 기사 내용과 같으면 ○표, 다르면 ×표하세요.

❶ 노키즈존을 운영하는 가장 큰 이유는 안전사고 발생 시 업주 배상 책임이 부담스럽기 때문이다. ☐
❷ 인권위에서는 노키즈존을 합리적 이유가 없는 차별 행위라고 했다. ☐
❸ 아동총회에서 아동 대표들은 노키즈존을 없애고 예스키즈존을 확대해 달라고 요구했다. ☐
❹ 인권위 권고는 강제력이 있어 노키즈존이 사라지고 있다. ☐

2 새로 알게 된 정보를 정리해요.

> 대한민국 아동총회에서 아동 대표들은 ＿＿＿(ㄴㅋㅈㅈ)＿＿＿ 철폐를 요구했다. 인권위원회에서도 어린이를 일률적으로 이용 대상에서 제외하는 것은 ＿＿(ㅊㅂ)＿＿이라고 결정했지만, ＿＿(ㄱㅈㄹ)＿＿이 없어 지금도 노키즈존이 운영되고 있다.

> 60세 이상 어르신 출입을 제한하는 노시니어존도 등장했어. 이런 노존은 차별을 부추긴단다.

함께 생각하고 토론해요

- 노키즈존은 왜 생겼을까?
- 노키즈존을 왜 차별이라고 할까?
- 음식점 또는 공공장소에서 지켜야 할 규칙은 무엇일까?

생활/문화 | 정보 전달

요즘 대세는 제로 콜라!

최근 식음료 업계를 휩쓴 트렌드는 '제로'다. 설탕을 넣지 않고 인공 감미료로 대체해 열량을 '0'으로 만들었다는 의미다. 편의점 업계에 따르면 전체 음료 매출의 40%를 제로 탄산음료가 차지할 정도로 '제로'가 인기를 끌고 있다. 그중에서도 전통의 강자 '콜라'가 제로 음료 매출을 이끌고 있다. 아이스크림 등 음료수가 아닌 식품군에도 '제로' 제품들이 잇따라 출시됐다.

제로 열풍의 원인은 뭘까? 설탕이 들어 있지 않고 열량도 없으면서 단맛은 그대로 나기 때문이다. 제로 제품들의 단맛 비결은 바로 인공 감미료다. '코카콜라 제로', '칠성사이다 제로'를 비롯한 다수의 무설탕 탄산음료는 수크랄로스(설탕 단맛의 600배)와 아세설팜칼륨(설탕 단맛의 200배)을 사용한다. '펩시 제로 슈거'는 수크랄로스, 아세설팜칼륨에 아스파탐을 함께 넣는다.

단맛을 그대로 느끼면서 열량이 없으니 살찔 염려도 없고 마냥 좋기만 할까? 인공 감미료 중에 '톨'로 끝나는 것들이 있다. 자일리톨, 만니톨, 말티톨, 에리스리톨 이런 종류인데, 당알코올로 분류된다. 이런 당알코올은 소화 흡수가 잘 되지 않고 장에서 가스를 발생시켜 복부 팽만감과 설사를 유발할 수 있다.

▲기사 내용과 직접 관련이 없는 이미지

24일 차

당알코올류를 주원료로 한 제품에 대해서는 '과량 섭취 시 설사를 일으킬 수 있습니다.'라는 경고 문구를 넣게 돼 있다.

해외 연구를 살펴보면 인공 감미료가 심혈관 질환을 유발할 수 있다는 연구도 있고, 단맛에 대한 욕구를 자극해 단 음식을 더 찾게 만든다는 연구도 있다. 그렇지만 우리나라를 비롯한 각국의 식품 안전 당국은 인공 감미료 섭취가 안전하다는 입장이다.

참고 자료
식품의약품안전처

오늘의 해시태그

#제로 제품
식음료 제품에서 설탕을 뺀 제품이다. 설탕 대신 인공 감미료를 첨가해 단맛을 내면서도 칼로리는 '0'으로 만들 수 있다. 하지만 과자류에서는 설탕을 빼더라도 밀가루 등 원재료가 열량을 내기 때문에 0칼로리가 불가능하다.

기자가 알려 주는 신문 읽기

기사가 핵심 내용에 대한 근거를 제시하고 있는지, 출처는 명확한지를 확인하면 허위 정보 피해를 예방할 수 있어.

성분명 때문에 기사 내용이 너무 어렵다.

먼저 내용을 이해한 후 성분명을 넣어서 읽으면, 조금 더 쉽게 이해될 거야.

알쏭달쏭 어휘

기사를 읽으며 알아 두면 좋은 단어들이에요.

감미료	단맛을 내는 데 쓰는 재료를 통틀어 이르는 말
대세	큰 권세
열량	열에너지의 양. 단위는 보통 칼로리(cal)로 표시
유발	어떤 것이 다른 일을 일어나게 함
인공	사람의 힘으로 자연에 대하여 가공하거나 작용을 하는 일
출시	상품이 시중에 나옴
트렌드	특정한 행동 양식이나 사상 따위가 나타나는 일정한 방향
팽만감	몸의 한 부분이 부풀어 터질 듯한 느낌

어려운 단어를 일상에서 써먹어 봐. 금방 익숙해질 거야.

빈칸에 들어갈 적절한 단어를 보기에서 찾아 쓰세요.

보기 감미료 열량 유발 팽만감

❶ 과식을 하면 배에 가스가 차서 [　　　]이 느껴지지.

❷ [　　　]는 적은 양으로도 음식을 달게 할 수 있어.

❸ 아이스크림이나 과자는 [　　　]이 높아 살찌게 해.

❹ 호기심은 새로운 것을 하고 싶다는 동기를 [　　　]해.

110

차곡차곡 정리하기

1 기사 내용과 같으면 ○표, 다르면 ✕표 하세요.

❶ 아스파탐은 당알코올로 소화 흡수가 잘 되지 않는다. ☐
❷ 아이스크림 등 다른 식품군에서도 제로 제품들이 출시됐다. ☐
❸ 제로 제품은 설탕을 줄이고, 인공 감미료를 추가한 것이다. ☐
❹ 탄산음료 중 콜라가 제로 음료 매출을 이끌고 있다. ☐

2 새로 알게 된 정보를 정리해요.

> 최근 식음료계의 ㄷㅅ 는 설탕을 빼고 ㅇㄹ 을 0칼로리로 만든 제로다. 제로 제품에 들어간 인공 ㄱㅁㄹ 중 당알코올류는 많이 먹으면 복부 ㅍㅁㄱ 과 설사를 일으킬 수 있어 주의해야 한다.

 제로라도 적당히 먹어야겠어요.

그렇지. 아무리 좋은 것도 과하면 좋지 않단다.

> **함께 생각하고 토론해요**
> • 제로 음료가 인기를 끌고 있는 이유는 무엇일까?
> • 인공 감미료와 설탕의 단맛 강도 차이는 얼마나 날까?
> • 제품을 만들 때 설탕과 인공 감미료 중 어느 쪽이 비용이 적게 들까?
> • 설탕을 넣은 음료와 인공 감미료를 넣은 음료 중 나는 무엇을 먹을까?

과학 | 생각과 태도 변화

우리 강아지랑 똑 닮은 강아지

최근 유튜버 A씨가 죽은 반려견을 복제했다는 내용의 콘텐츠를 공개해 논란이 일었다. A씨는 반려견을 잃은 슬픔이 너무 커 일상생활을 할 수 없었고, 결국 전문 회사에 복제를 의뢰했다. 몇 달 뒤 죽은 반려견과 똑같이 생긴 강아지 두 마리가 찾아왔다. A씨는 기뻐하며 관련 동영상을 공개했지만, 댓글은 찬반으로 나뉘었다.

반대 측은 반려견을 복제하기 위해 다른 개가 고통받는다는 주장을 펼쳤다. 반려동물을 잃은 슬픔을 잊기 위해 다른 동물의 고통을 이용하는 것은 윤리적이지 않다는 비판이다. 반려견을 복제하려면 죽은 반려견의 체세포가 필요하고, 난자를 제공하는 개와 대리모 역할을 하는 개가 필요하다. 게다가 복제 성공률이 낮아서 복제견 한 마리를 만들기 위해 다른 개 여러 마리가 고통을 당한다는 게 반대 측 주장이다. 동물 복제는 자연의 섭리를 거스르는 행위라는 주장도 더해졌다.

찬성 측은 반려동물을 잃은 반려인이 심각한 정신적 문제를 겪고 있다면 치료를 위해 동물 복제를 허용하는 것을 고려해야 한다고 주장한다. 반려동물을 잃고 정신적인 고통을 느끼는 것을 '펫로스 증후군'이라고 부른다. 한 조사에서 반려동물의 죽음을 경험한 사람 가운데 절반은 펫로스 증후군을 겪은 것으로 나타났다.

현재 우리나라에선 동물 복제에 관한 법이 정해져 있지 않다. 동물보호법은 동물 실험에 관한 규정을, 실험동물법은 실험에 사용되는 동물에 대한 규정을 갖추고 있지만, 상업적인 반려동물 복제는 어디에도 해당하지 않아 사실상 아무

25일 차

런 규제를 받지 않는 상황이다.

반려동물을 키우고 싶다면 반려동물을 키울 능력부터 키워야 한다. 강아지에게 먹이를 주고, 산책시켜 주고, 배설물을 치워야 하는 것처럼 그들의 죽음도 받아들일 준비가 돼 있어야 하지 않을까?

참고 자료
동물자유연대

기자가 알려 주는 신문 읽기

논란을 소개하는 기사를 읽을 때는 찬성과 반대 측의 논리를 따져 보고 어느 쪽이 더 타당한지 생각하는 습관을 들여 봐.

오늘의 해시태그

#반려견 복제

반려견의 조직을 채취해 체세포 핵이식을 통해 복제가 진행된다. 복제 대상 반려견의 세포핵을 공여견의 난자에 이식한 뒤 대리모견에 임신시킨다. 이런 방식으로 태어나는 복제견은 99% 복제 대상과 유전자형이 일치하게 된다.

우리 강아지 두부도 복제하면 돌아올 수 있을까?

복제한다고 진짜 두부인 걸까… 난 잘 모르겠어.

알쏭달쏭 어휘

기사를 읽으며 알아 두면 좋은 단어들이에요.

반려동물	사람이 정서적으로 의지하고자 가까이 두고 기르는 동물
배설물	생물체의 물질대사에 의하여 생물체 밖으로 배설되는 물질
복제	본디의 것과 똑같은 것을 만듦
섭리	자연계를 지배하고 있는 원리와 법칙
윤리	사람으로서 마땅히 행하거나 지켜야 할 도리
체세포	다세포 생물에서 생식 세포를 제외한 모든 세포
펫로스 증후군	반려동물이 죽거나 사고를 당하여 겪게 되는 슬픔, 우울감, 불안감 등의 정신적인 증상

이번 기사에서는 '복제, 섭리, 증후군' 이 세 단어만 기억해 두렴.

빈칸에 들어갈 적절한 단어를 보기에서 찾아 쓰세요.

보기   배설물 복제 섭리 윤리

❶ 기본 ☐☐☐ 만 잘 지켜도 사회가 안전하고 평화롭게 돼.

❷ 우리 몸에서 배설되는 똥, 오줌, 땀을 모두 ☐☐☐ 이라고 불러.

❸ 유명 화가 그림이 ☐☐☐ 되어 세계 곳곳에서 팔리고 있어.

❹ 자연의 ☐☐☐ 는 절대 막을 수도 바꿀 수도 없지.

차곡차곡 정리하기

1 기사 내용과 같으면 ○표, 다르면 ×표 하세요.

❶ 동물을 좋아하면 누구나 반려동물을 키워도 된다. ☐
❷ 복제 성공률이 높아 복제견을 쉽게 복제할 수 있다. ☐
❸ 복제견은 펫로스 증후군 치료를 돕는다. ☐
❹ 복제하려면 다른 여러 마리의 개가 고통받아야 한다. ☐

2 새로 알게 된 정보를 정리해요.

> 죽은 ㅂㄹㄷㅁ 을 ㅂㅈ 해 논란이 일고 있다. 반대 측은 반려견을 잃은 ㅅㅍ 을 달래기 위해 다른 개에게 ㄱㅌ 을 주면 안 된다고 하고, 찬성 측은 반려인의 정신적 ㅊㄹ 를 위해 동물 복제를 고려해야 한다고 주장하고 있다.

> 찬반 의견을 함께 담으면 기사 내용을 쉽게 파악할 수 있어.

함께 생각하고 토론해요

- 반려동물을 키우기 전 우리가 가져야 할 마음가짐은 어떤 것이 있을까?
- 반려동물 복제에 대해 나는 찬성인가, 반대인가?

사회 | 생각과 태도 변화

직원 없이 손님만 있는 가게

가게에 점원이 없는 **무인** 점포가 해마다 늘어난다. 최근 소방청 집계에 따르면 전국 무인 점포가 6,000개를 넘었다. 아이스크림, 세탁소, 스터디카페, 사진관, 밀키트 순서로 많았다. 가게에 사람은 없고 물건만 있다 보니 **절도** 사건이 자주 발생한다. 특히 무인 아이스크림 가게에선 어린이·청소년 관련 절도 사건이 많다. 어린이들이 좋아하는 간식거리가 가득하기 때문이다. 일부 어린이들은 돈을 내지 않고 물건을 가져가고도 "**범죄**인지 몰랐다.", "먹고 싶어서 그랬다."라는 이유를 댄다.

서울경찰청에 따르면 서울 시내 무인 점포 대상 범죄는 매달 96건 정도 발생한다. 84% 정도는 물건을 훔치는 절도이고, 훔치거나 주운 신용카드로 물건값을 결제한 범죄가 6.7%였다.

▲기사 내용과 직접 관련이 없는 이미지

무인 점포 점주들은 절도 피해를 **감수**하고 영업을 한다. 가게를 지키는 직원을 **고용**하면 절도 사건이 줄어들기는 한다. 그러나 직원을 고용하면 절도 피해를 줄여 얻는 이익보다 더 많은 금액을 인건비로 지출해야 한다. 그러니 어느 정도 물건을 도둑맞는다고 해도 눈 질끈 감고 **영업**을 계속한다는 이야기다.

그렇지만 학교 앞에 차려진 무인 점포가 어린이·청소년의 **일탈**을 부

26일차

기자가 알려 주는 신문 읽기

추긴다는 **지적**도 많다. 한국형사·법무정책연구원 보고서에 따르면 사업체 반경 300m 안에 초·중·고교가 있는 무인 점포는 67.1%가 절도 피해를 경험한 것으로 나타났다. 인근에 학교가 없는 무인 점포는 46.7%만 절도 피해를 봤다.

사람이 없다고 해도 무인 점포에 들어가 돈을 내지 않고 물건을 가지고 나오면 '절도' 범죄가 된다. "몰랐다.", "먹고 싶어 그랬다."라는 말은 전혀 변명이 되지 않는다는 것을 기억해 두자.

범죄가 기사에 자주 등장하는 이유는 눈길을 끌기 때문이야. 범죄를 저지르지 않는 사람이 범죄자보다 훨씬 많기 때문이지.

참고 자료
한국형사·법무정책연구원

주인이 없다고 우리 양심을 팔 수는 없지.

당연하지. 이건 아주 일부 이야기라고.

오늘의 해시태그

#무인 점포가 늘어나는 이유
무인 점포가 늘어나는 이유는 인건비 부담을 줄일 수 있다는 것이 그 첫 번째 이유이고, CCTV 설치 등 무인경비 시스템 발전을 두 번째 이유로 볼 수 있다.

알쏭달쏭 어휘

기사를 읽으며 알아 두면 좋은 단어들이에요.

감수	책망이나 괴로움 따위를 달갑게 받아들임
고용	삯을 주고 사람을 부림
무인	사람이 없음
범죄	법규를 어기고 저지른 잘못
영업	영리를 목적으로 하는 사업. 또는 그런 행위
일탈	정하여진 영역 또는 본디의 목적이나 규범 따위로부터 빠져 벗어남
절도	남의 물건을 몰래 훔침
지적	허물 따위를 드러내어 폭로함

내가 아는 뜻으로 쓰이지 않았을 때는 국어사전을 찾아봐.

빈칸에 들어갈 적절한 단어를 보기에서 찾아 쓰세요.

보기   감수 고용 일탈 절도

❶ 넘어지는 것쯤은 [ ] 해야 자전거를 배울 수 있어.

❷ [ ] 는 범죄로 나쁜 행동이야.

❸ 사촌오빠가 프로그래머로 [ ] 되었어.

❹ 사회 규범이나 규칙에서 벗어나는 행동을 [ ] 행동이라고 해.

차곡차곡 정리하기

1 기사 내용과 같으면 ○표, 다르면 ✕표 하세요.

❶ 점원이 없는 무인 점포 중 밀키트 가게가 가장 많다. ☐
❷ 무인 점포 점주들은 인건비를 줄이기 위해 절도 피해를 감수한다. ☐
❸ 인근에 학교가 있는 무인 점포보다 없는 무인 점포에 절도 피해가 크다. ☐
❹ 무인 점포에서 돈을 내지 않고 물건을 가져오면 절도 범죄가 된다. ☐

2 새로 알게 된 정보를 정리해요.

> ㅁㅇ 점포가 인기를 끌며 늘어나고 있다. 특히 아이스크림을 파는 무인 점포는 어린이와 청소년이 좋아하는 장소로, ㅈㄷ 사건이 자주 발생해 피해를 봤다. 어떤 이유라도 돈을 내지 않고 ㅁㄱ 을 가지고 나오는 것은 절도 ㅂㅈ 가 된다.

> 때로는 기사의 마지막 문장에 강력한 의견을 숨겨 놓는 경우도 있어.

함께 생각하고 토론해요
- 무인 점포가 어린이와 청소년의 일탈을 부추길까?
- 돈을 내지 않고 물건을 가져가는 친구를 본다면 어떻게 할까?
- 무인 점포에서 절도를 예방하기 위한 좋은 방법이 있을까?

환경 | 정보 전달

새 떼의 죽음, 원인은 불꽃놀이?

최근 태평양 보존 생물학이라는 국제 학술지에 불꽃놀이가 환경에 미치는 영향을 다룬 논문이 게재됐다. 호주 커틴대학교 연구팀이 발표한 이 논문은 불꽃놀이가 야생에 미치는 영향을 다룬 여러 연구를 모아 검토했다. 불꽃놀이의 강렬한 폭발음과 불빛은 동물들에게 스트레스를 유발하는 것으로 확인됐다. 불꽃놀이의 불빛을 본 그리폰독수리의 심장 박동수는 세 배 이상 빨라졌다. 2011~2012년 미국 아칸소주에서는 새해 불꽃놀이에 방해를 받은 새 떼 수천 마리가 겨울 보금자리에서 날아오르다 서로 충돌해 죽는 일이 있었다.

2020년 새해 첫날 아침 이탈리아 로마 도심지 기차역 인근에선 수백 마리의 새가 길바닥에 죽은 채로 발견됐다. 새들이 정확히 왜 죽었는지 확실한 이유는 밝혀지지 않았다. 그러나 현지 환경단체는 새해 첫날 불꽃놀이가 원인일 것으로 추정했다. 이탈리아 소재 환경단체인 OIPA는 "모든 불꽃놀이는 공포의 폭발"이라는 캠페인을 펼쳤다. 이 단체는 "동물은 인간보다 소음, 불빛, 냄새에 훨씬 더 민감하다."라며 "불꽃놀이 장소에서 최대한 동물을 떨어뜨리세요."라고 권고했다.

우리나라엔 아직 불꽃놀이가 야생동물에 미치는 영향을 조사한 연구가 없다. 그러나 매년 불꽃축제가 펼쳐지는 한강공원에는 수많은 야생동물이 살고 있다. 한강을 비롯해 부산, 포항, 목포 등 수많은

27일 차 ─ 월 / 일

도시에서 불꽃축제가 펼쳐진다. 환경단체들은 불꽃놀이가 야생동물에게 미칠 **악영향**에 우려를 나타내고 있다.

밤하늘을 아름답게 수놓는 불꽃놀이가 동물들에게 고통을 주고 있다는 증거는 명확하다. 불꽃이 터지면서 피어나는 연기 속에는 각종 중금속 등 유해 물질이 가득하다. 불꽃의 아름다움 속엔 잘 드러나지 않는 환경 피해가 존재한다는 것을 알아 두자.

참고 자료
태평양 보존 생물학, 이탈리아 동물권 단체 OIPA

오늘의 해시태그

#불꽃놀이 대안

동물권 단체들은 불꽃놀이를 금지하는 것이 최선의 방법이라고 여긴다. 그러나 금지할 수 없다면 야생동물의 서식 패턴에 따라 불꽃놀이 시기, 시간 등을 조정하는 방안을 권고한다. 또한, 드론 또는 레이저쇼의 비중을 높이는 방법도 고려할 수 있다.

기자가 알려 주는 신문 읽기

국내외 연구 사례를 소개하는 기사들은 출처를 밝히는 경우가 많아. 연구 논문을 한번 찾아서 읽어 보면 특별한 경험이 될 거야.

아름답기만 했던 불꽃놀이가 이런 악영향을 주는지 몰랐어.

모든 일에는 동전의 양면처럼 좋은 것과 나쁜 것이 공존한다고.

알쏭달쏭 어휘

기사를 읽으며 알아 두면 좋은 단어들이에요.

게재	글이나 그림 따위를 신문이나 잡지 따위에 실음
논문	어떤 문제에 대한 학술적인 연구 결과를 체계적으로 적은 글
민감	자극에 빠르게 반응을 보이거나 쉽게 영향을 받음. 또는 그런 상태
보금자리	새가 알을 낳거나 그 속에 들어 사는 곳
소재	어떤 곳에 있음. 또는 있는 곳
충돌	서로 맞부딪치거나 맞섬
현지	사물이 현재 있는 곳

아하, '게재'가 신문이나 잡지에 실렸다는 뜻이군요. 아무리 생각해도 모르겠더라고.

알맞은 단어를 찾아 ○표 하세요.

① 컨디션이 좋지 않을 때는 민감 무감각 해져 작은 일에도 짜증이 나.

② 서로 생각이 다르면 의견 충돌 문제 이 생기기도 해.

③ 내가 쓴 동시가 신문에 사용 게재 되었어.

④ 우리에게 보금자리 밖 는 사랑하는 가족이 함께하는 집이야.

차곡차곡 정리하기

1 기사 내용과 같으면 ○표, 다르면 ×표하세요.

❶ 불꽃놀이의 강렬한 폭발음과 불빛이 동물들에게 악영향을 준다. ☐
❷ 불꽃놀이의 불빛을 본 독수리의 심장 박동수가 느려졌다. ☐
❸ 이탈리아에서 "모든 불꽃놀이는 공포의 폭발" 캠페인을 펼쳤다. ☐
❹ 불꽃이 터지면서 피어나는 연기에는 유해 물질이 조금 들어 있다. ☐

2 새로 알게 된 정보와 의견을 정리해요.

최근 ㅂㄲㄴㅇ 가 야생에 미치는 영향을 조사한 여러 연구를 모아 검토한 결과, 불꽃놀이의 ㅍㅂㅇ 과 불빛이 동물에게 ㅅㅌㄹㅅ 를 주고, 놀란 새들이 일제히 날아오르면서 ㅊㄷ 사고를 일으키기도 했다. 불꽃의 아름다움 속엔 잘 드러나지 않는 ㅎㄱ 피해가 존재한다는 것을 기억하자.

> 일단 기사가 전달하는 사실과 의견을 구분해 정확히 파악하고, 그 다음에 내 생각을 정리해 보자.

함께 생각하고 토론해요

- 불꽃놀이를 하는 이유는 무엇일까?
- 불꽃놀이는 어떤 환경 피해를 일으킬까?
- 불꽃놀이는 해야 할까, 하지 말아야 할까?

예술 | 정보 전달

400년 만에 한국으로 돌아오는 명화

최근 조선 시대 명화인 안견의 몽유도원도를 환수하기로 했다는 소식이 전해졌다. 몽유도원도는 조선 세종 때에 안견이 그린 산수화로 국보급으로 평가되는 중요 문화유산이다. 비단 바탕의 수묵 담채화로, 세종의 아들 안평대군이 꿈에 도원경을 거닌 이야기를 안견에게 그리게 했다고 전해진다. 몽유도원도는 임진왜란 당시 왜군이 빼앗아 갔다는 게 정설이다. 환수에 성공하면 400여 년 만에 본국으로 돌아오는 셈이다.

해외로 반출된 문화유산들을 '국외소재문화유산'이라고 부른다. 현재 29개국에 24만 6,304점이 소장된 것으로 파악된다. 일본(44.6%)에 가장 많고, 미국(26.5%), 독일(6.4%), 중국(5.3%), 영국(5.2%) 순으로 많다. 이 가운데는 일본에 있는 백제 금동반가사유상, 프랑스에 있는 직지심체요절 등 국보급 문화유산도 많다. 임진왜란 등 전쟁을 겪으며 빼앗긴 것도 많고, 일제 강점기에 약탈당한 것도 많다. 개화기에서 한국전쟁에 이르는 기간 외국인들이 국내에 들어와 돈 주고 사간 문화유산들도 있다. 한 번 반출된 문화유산을 환수하는 건 굉장히 어려운 일이다.

우리나라 정부는 국가유산청을 중심으로 부당하게 국외로 반출된 우리 문화유산을 되찾기 위한 노력을 펼치고 있다. 민간에서는 국외소재문화유산재단이 설립돼 국외소재

▲국외소재문화유산재단(2024년 1월 기준)

28일 차

문화유산을 체계적으로 조사·연구하고 그 결과를 공유하고 있다. 이런 노력의 결과로 해외로 반출됐던 문화유산을 되찾기도 한다. 대한제국 국새는 한국전쟁 기간 중 미군이 덕수궁에서 몰래 가져갔던 것으로, 우리 정부의 수사 요청으로 미국 수사 당국이 압수했다가 2014년 한미 정상 회담을 계기로 반환됐다. 문화유산의 소중함을 깨닫고 잘 보존해 후세에 남겨 줄 수 있도록 관심을 기울여야겠다.

참고 자료
국외소재문화유산재단

오늘의 해시태그

#국외소재문화유산 환수

유네스코는 1970년 문화유산 불법 거래 방지를 위한 협약을 제정했다. 이 협약에 따라 불법적으로 반출된 문화유산은 회수 및 반환 요구를 할 수 있다. 그러나 협약 제정 이전에 일어난 약탈에 대해선 협상 또는 매입하는 방법으로 문화유산을 환수해야 한다.

기자가 알려 주는 신문 읽기

기사에 들어 있는 그래프는 핵심 내용을 뽑아서 전달한단다. 그래프의 제목과 추이, 출처 등을 꼼꼼히 확인해 보자.

몽유도원도 환수라니! 정말 대단하지 않아?

당연하지!! 약탈당했던 다른 문화유산들도 모두 찾았으면 좋겠어.

알쏭달쏭 어휘

기사를 읽으며 알아 두면 좋은 단어들이에요.

국새	나라를 대표하는 도장
도원경	이 세상이 아닌 무릉도원처럼 아름다운 경지
반출	운반하여 냄
반환	빌리거나 차지했던 것을 되돌려줌
본국	자기의 국적이 있는 나라
정상	한 나라의 최고 중요한 자리의 인물
환수	도로 거두어들임
후세	다음에 오는 세상. 또는 다음 세대의 사람들

'한미 정상 회담'에선 한국과 미국의 대통령이 한자리에 모이게 돼.

빈칸에 들어갈 적절한 단어를 보기에서 찾아 쓰세요.

보기   국새 반환 환수 후세

❶ 할머니께서 주신 용돈을 아껴 쓰지 않는다며 _____ 해 가셨어.

❷ 대한 제국의 _____ 는 거북 모양 손잡이에 비단실로 짠 끈이 묶여 있어.

❸ 폭우로 경기가 취소돼 입장료를 _____ 해 주었어.

❹ 동물은 가죽을 남기고, 사람은 _____ 에 이름을 남기지.

차곡차곡 정리하기

1 기사 내용과 같으면 ○표, 다르면 ×표하세요.

① 국외소재문화유산을 일본, 중국, 미국 순으로 많이 소장하고 있다. ☐
② 몽유도원도는 안평대군의 꿈 이야기를 안견이 그린 그림이다. ☐
③ 몽유도원도는 임진왜란 때 왜군이 빼앗아 갔다. ☐
④ 환수에 성공하면 500여 년 만에 본국으로 돌아오게 된다. ☐

2 새로 알게 된 정보와 의견을 정리해요.

일본에서 소장하고 있는 안견의 ㅁㅇㄷㅇㄷ 를 국내로 ㅎㅅ 하기로 합의했다는 소식이 전해졌다. 해외로 ㅂㅊ 된 문화유산을 '국외소재문화유산'이라고 부르는데, 대부분이 전쟁을 거치며 약탈당한 것이다. 부당하게 국외로 반출된 우리 ㅁㅎㅇㅅ 을 되찾기 위한 노력이 필요하다.

함께 생각하고 토론해요

- 몽유도원도처럼 부당하게 해외로 반출된 문화유산을 찾아와야 할까?
- 소중한 문화유산을 지키기 위해 우리가 할 수 있는 일은 무엇일까?

국제 | 관심과 참여 유도

독도는 한국 땅

최근 일본의 외교부 장관 격인 외무상이 또다시 독도가 자기네 땅이라고 주장했다. 일본 외무상은 "다케시마(竹島·일본이 주장하는 독도명)에 대해서는 역사적 사실에 비추어 봐도, 국제법상으로도 일본 고유의 영토"라고 주장했다.

기시다 후미오 총리가 외무상이던 2014년 외교 연설에서 독도에 대해 "일본 고유의 영토인 시마네현 다케시마"라고 언급한 뒤, 일본 외무상은 매년 독도가 일본 땅이라는 망언을 되풀이하고 있다.

일본이 지속적으로 독도 영유권을 주장하는 이유는 일단 독도를 국제적 분쟁 지역으로 만들려는 속셈이다. 향후 동북아시아 지역에 전쟁 등 급격한 세력 변화가 생길 경우 자국 영토로 편입할 수 있도록 명분을 쌓는 것이다.

이에 대해 우리나라 정부는 외교

▲독도 ©독도관리사무소

부 대변인 명의로 성명을 내고, "일본 정부가 외무대신의 국회 외교 연설을 통해 역사적, 지리적, 국제법적으로 명백한 우리 고유의 영토인 독도에 대한 부당한 영유권 주장을 되풀이한 데 대해 강력히 항의하며, 이를 즉각 철회할 것을 촉구한다."고 밝혔다. 외교부는 야마모토 몬도 주한 일본대사관 총괄공사대리를 초치해 외교 연설 내용에 대해 항의했다.

독도가 우리나라의 영토라는 역사적 증거는 차고 넘친다. 가장 이른 것은 삼국사기에 512년 신라 이찬 이사부가 우산국을 정벌해 우

29일 차

___월 ___일

산국이 신라에 **복속**했다는 기록이다. 1454년 세종실록지리지에도 울릉도와 독도가 강원도 울진현에 속한 두 섬이라는 기록이 남아 있다.

　독도에서 가장 가까운 우리나라의 울릉도까지의 거리는 약 87.4km여서 맑은 날에는 울릉도에서 독도를 맨눈으로 볼 수 있다. 반면 일본 오키섬과의 거리는 157.5km나 된다. 우리나라 경찰 독도경비대가 지키고 있는 것도 우리 땅이라는 근거가 된다.

참고 자료
대한민국 외교부 독도

오늘의 해시태그

#우리 땅 독도
막연하게 우리 땅이라고만 생각했던 독도. 세계 사람들을 만나면 어떻게 우리 땅이라고 말할 수 있을까? 역사적 증거 외에도 지리적 증거, 국제법적 증거를 이용해 설득할 수 있다. 대한민국 외교부 독도 홈페이지에서 방법을 찾아보자.

기자가 알려 주는 신문 읽기

국제 기사를 볼 때는 세계 지도를 펼쳐 놓고 기사에 등장하는 나라가 어디에 있는지, 어떤 나라와 이웃인지 등을 살펴보렴.

일본 말엔에 그런 나쁜 뜻이 숨겨 있을 줄이야.

독도가 우리 땅인 이유를 우리 꼭 기억해 두자고!!

알쏭달쏭 어휘

기사를 읽으며 알아 두면 좋은 단어들이에요.

국제법	공존공영의 생활을 도모하기 위하여, 국가 간의 협의에 따라 국가 간의 권리·의무에 대하여 규정한 국제 사회의 법률
망언	이치나 사리에 맞지 아니하고 망령되게 말함. 또는 그 말
복속	복종하여 존경하거나 섬겨 따르다
성명	어떤 일에 대한 자기의 입장이나 견해 또는 방침 따위를 공거적으로 발표함. 또는 그 입장이나 견해
영유권	일정한 영토에 대한 해당 국가의 관할권
철회	이미 제출하였던 것이나 주장하였던 것을 다시 회수하거나 번복함
초치	불러서 안으로 들임

> 뉴스에서 들을 때는 쉽게 이해되었던 단어도 이렇게 따로 놓고 보니 무척 어렵게 느껴지지. 지금은 '아, 이런 뜻이었구나.' 정도로 이해하면 충분하단다.

알맞은 단어를 찾아 ○표 하세요.

❶ 일본은 독도 [영해권] [영유권] 분쟁을 국제화하려는 나쁜 마음을 숨기고 있어.

❷ 과거에는 전쟁에서 지면 승리한 나라에 [복속] [독립] 되기도 했어.

❸ 나라를 대표하는 사람이 [망언] [정의] 을 해서는 안 돼.

❹ 일본의 망언에 항의하기 위해 우리 정부는 일본 대사를 [초치] [신임] 하였어.

차곡차곡 정리하기

1 기사 내용과 같으면 ○표, 다르면 ╳표하세요.

❶ 일본 외무상은 독도가 일본 땅이라는 망언을 종종 하고 있다. ☐
❷ 일본은 독도를 국제적 분쟁 지역으로 만들려고 한다. ☐
❸ 일본은 기회가 오면 독도를 자국 영토로 편입할 명분을 쌓고 있다. ☐
❹ 독도가 우리 고유의 영토라는 기록이 남아 있다. ☐

2 새로 알게 된 정보를 정리해요.

일본은 지속적으로 ㄷㄷ 가 자기네 땅이라고 주장하고 있다. 일본이 독도 ㅇㅇㄱ 을 주장하는 이유는 일단 국제적 ㅂㅈ 지역으로 만들어 우리나라 영토가 아닌 것처럼 국제 사회에 인식시키기 위해서다. 장래 동북아시아에 전쟁 등 급변 사태가 일어날 경우 독도를 일본으로 ㅍㅇ 하기 위한 준비 작업이다.

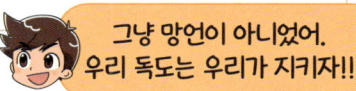
그냥 망언이 아니었어.
우리 독도는 우리가 지키자!!

함께 생각하고 토론해요

- 독도가 자기네 땅이라고 주장하는 일본의 근거는 무엇일까?
- 독도가 우리 땅이라는 것을 입증하는 자료는 무엇일까?
- 일본이 독도를 왜 자기네 땅이라고 우길까?

정치/경제 | 정보 전달

한국 빅맥, 일본보다 비싸다

최근 영국의 이코노미스트지가 발표한 우리나라의 2024년 1월 기준 빅맥 지수는 4.11로 세계 54개국 가운데 31위를 기록했다. 아시아 국가 가운데서는 7위를 기록했다. 우리나라보다 빅맥 지수가 높은 아시아 국가는 스리랑카(5.69), 싱가포르(4.96), UAE(4.9), 쿠웨이트(4.55), 이스라엘(4.52), 바레인(4.51)이었다.

이번 조사에서 빅맥 지수가 가장 높은 국가는 스위스(8.17)로 나타났다. 노르웨이(7.14), 우루과이(7.04), 스웨덴(5.87), 유로존 국가(5.87), 영국(5.71), 미국(5.69)의 빅맥 지수가 상위권에 들었다. 조사 대상 중 빅맥 지수가 가장 낮은 국가는 대만(2.39)이었으며 인도네시아(2.43), 인도(2.59), 남아프리카공화국(2.71), 이집트(2.75), 말레이시아(2.78), 필리핀(2.86), 홍콩(2.94), 일본(3.04) 등도 빅맥 지수가 낮은 곳에 속했다.

한국맥도날드는 2023년 11월 빅맥 가격을 5,200원에서 5,500원으로 300원 올렸다. 맥도날드는 원재룟값과 **물류비**가 오른 점을 가격 **인상** 요인으로 꼽았다.

빅맥 지수는 1986년 영국의 이코노미스트지가 처음 고안해 냈다. 전 세계 맥도날드에서 팔리는 빅맥 가격을 미국 달러화로 **환산**한 지수이다. 2024년 1월 기준 빅맥이 가

―― 세계 빅맥 지수 순위 ――

순위	국가	빅맥지수(가격)
1	스위스	8.17(약 1만 996원)
2	노르웨이	7.14(약 9,610원)
3	우루과이	7.04(약 9,475원)
4	스웨덴 및 유럽	5.87(약 7,901원)
5	영국	5.71(약 7,685원)
⋮		
31	대한민국	4.11(5,500원)
⋮		
44	일본	3.04(약 4,068원)
⋮		

▲이코노미스트(2024년 1월 기준)

30일 차

기자가 알려 주는 신문 읽기

장 비싼 나라는 스위스이고, 가장 저렴한 나라는 대만이다. 같은 빅맥을 사기 위해 스위스는 8.17달러를 지불해야 하는데, 대만에선 2.39달러만 지불하면 된다. 이처럼 빅맥 지수를 통해 스위스의 빅맥 가격이 대만보다 3.4배 비싸다는 걸 알 수 있다. 이렇게 비교하면 빅맥 가격을 통해 한 나라 전반의 물가 수준을 유추할 수 있다고 가정하는 것이다.

참고 자료
이코노미스트, KDI 경제정보센터

직접 해외 언론사 홈페이지를 방문해 원문 기사를 찾아보는 것도 좋아. 외국어에 자신이 없다면 번역 기능을 이용하면 돼.

오늘의 해시태그

#빅맥 지수

맥도날드는 전 세계 많은 나라에 매장을 두고 있고, 엇비슷한 재료와 제조법으로 만들기 때문에 같은 화폐로 비교하면 국가별로 대략적인 물가 수준을 알 수 있다. 빅맥 지수가 높은 나라로 여행을 가는 것이 낮은 나라로 가는 것보다 여행 경비가 많이 든다고 추측할 수 있다.

빅맥은 이제 대만 가서 먹어야겠다.

하하하, 항공료는 어쩌고? 배보다 배꼽이 더 크겠어.

알쏭달쏭 어휘

기사를 읽으며 알아 두면 좋은 단어들이에요.

물가	물건의 값. 여러 가지 상품이나 서비스의 가치를 종합적이고 평균적으로 본 개념
물류비	상품이 나와서 소비자에게 팔릴 때까지 드는 비용. 운송비, 포장비, 보관비 따위가 있다
유추	같은 종류의 것 또는 비슷한 것에 기초하여 다른 사물을 미루어 추측하는 일
인상	물건값, 봉급, 요금 따위를 올림
전반	어떤 일이나 부문에 대하여 그것에 관계되는 전체. 또는 통틀어서 모두
지불	돈을 내어줌. 또는 값을 치름
환산	어떤 단위나 척도로 된 것을 다른 단위나 척도로 고쳐서 헤아림

빈칸에 들어갈 적절한 단어를 보기에서 찾아 쓰세요.

보기 　물류비　유추　인상　환산

❶ 밀가루값이 올라 과잣값도 　　　　 되었어.

❷ 남을 생각하는 마음은 그 어떤 것으로도 　　　　 할 수 없어.

❸ 넌 단순해서 네가 어떤 생각을 하는지 쉽게 　　　　 할 수 있다고.

❹ 물건을 만드는 생산비보다 　　　　 가 더 비쌌어.

차곡차곡 정리하기

1 기사 내용과 같으면 ○표, 다르면 ×표하세요.

① 빅맥 지수는 미국의 이코노미스트지가 발표한다. ☐
② 이집트와 홍콩은 빅맥 지수가 낮은 곳에 속한다. ☐
③ 우리나라는 원재룟값과 인건비가 올라 빅맥 가격이 인상되었다. ☐
④ 빅맥 지수를 통해 한 나라 전반의 물가 수준을 유추할 수 있다. ☐

2 새로 알게 된 정보를 정리해요.

최근 ㅇㄱ 이코노미스트지가 발표한 2024년 1월 기준 우리나라 ㅂㅁ ㅈㅅ 는 조사 대상 54개국 가운데 31위를 기록했다. ㅅㅇㅅ, 노르웨이, 우루과이, 유로존 국가 등이 빅맥 지수가 높았고, ㄷㅁ, 인도네시아 등이 낮았다. 이를 통해 각국의 ㅁㄱ 수준을 대략적으로 비교할 수 있다.

> 햄버거값 하나로 한 나라의 물가 수준을 알 수 있다니, 정말 신기해.

함께 생각하고 토론해요

- 왜 나라마다 빅맥 가격이 다를까?
- 빅맥이 각 나라의 물가 수준을 비교하는데 유용한 이유는 무엇일까?
- 빅맥 지수를 일상생활에서 어떻게 이용하면 좋을까?
- 물가가 높은 곳과 낮은 곳의 특징은 무엇일까?

해답지

1일차

알쏭달쏭 어휘
질감, 미각, 근원, 표면

차곡차곡 정리하기
1 ✕, ◯, ◯, ✕
2 단맛(미각), 질감(촉각), 색깔(시각)
3 미각, 오감, 색깔, 바삭한, 달콤한

2일차

알쏭달쏭 어휘
보존, 합의, 개체 수, 사상

차곡차곡 정리하기
1 ◯, ✕, ✕, ◯
2 1문단 - 개체 수가 극히 적은 판다의 보존을 위한 조치이다.
  2문단 - 이유는 우리나라와 중국이 맺은 약속 때문이다.
  3문단 - 국내에서 태어난 푸바오를 중국으로 보내야 한다.
3 중국, 판다, 보존, 네 살

3일차

알쏭달쏭 어휘
재질, 재생, 분담금, 공정

차곡차곡 정리하기
1 ✕, ◯, ◯, ◯
2 라벨, 페트병, 재질, 품질, 컵

4일차

차곡차곡 정리하기
1 1월 1일, 한국식, 1월 1일 생일, 만, 생일
2 국제 기준, 만 나이, 생일

5일차

알쏭달쏭 어휘
소음, 항의, 무심코, 배려

차곡차곡 정리하기
1 ✕, ◯, ◯, ✕
2 층간 소음, 피해, 헤드폰, 낮, 밤

6일차

알쏭달쏭 어휘
맹견, 여건, 반려동물, 훼손

차곡차곡 정리하기
1 ◯, ✕, ◯, ◯
2 여건, 반려동물, 양육, 입양

7일차

알쏭달쏭 어휘
응답자, 연상, 대중적, 풍미

차곡차곡 정리하기
1 ✕, ◯, ✕, ◯
2 한국식 치킨, 한식, 정부

8일 차

알쏭달쏭 어휘
집계, 복구, 소모품, 투입

차곡차곡 정리하기
1 ◯, ✕, ◯, ✕
2 훼손, 문화유산, 보존

9일 차

알쏭달쏭 어휘
우려, 자제, 악영향, 권장

차곡차곡 정리하기
1 ◯, ✕, ◯, ✕
2 숏폼, 악영향, 자제

10일 차

알쏭달쏭 어휘
식습관, 제한, 권고, 섭취

차곡차곡 정리하기
1 ◯, ✕, ✕, ◯
2 식습관, 만성 질환, 신체 활동

11일 차

알쏭달쏭 어휘
인증, 사칭, 탈취, 대면

차곡차곡 정리하기
1 ◯, ✕, ◯, ◯
2 보이스피싱, 탈취, 개인정보

12일 차

알쏭달쏭 어휘
상습적, 부인, 고의, 생활고

차곡차곡 정리하기
1 ✕, ◯, ◯, ◯
2 무전취식, 경범죄, 사기죄

13일 차

알쏭달쏭 어휘
시도, 타협, 목격, 유형

차곡차곡 정리하기
1 ✕, ◯, ◯, ✕
2 피해자, 상처, 대화, 타협

14일 차

알쏭달쏭 어휘
공급, 폭등, 수요, 출하량

차곡차곡 정리하기
1 ◯, ✕, ◯, ✕
2 공급, 적으면, 수요, 많으면

15일 차

알쏭달쏭 어휘
슬로건, 파업, 확산, 감축

차곡차곡 정리하기
1 ✕, ✕, ◯, ◯
2 툰베리, 파업, 노벨평화상

16일 차

알쏭달쏭 어휘
키오스크, 선호, 대조, 개선

차곡차곡 정리하기
1 ✕, ○, ✕, ○
2 디지털 약자, 키오스크, 소외

17일 차

알쏭달쏭 어휘
소멸, 수도권, 개발, 지속

차곡차곡 정리하기
1 ○, ○, ✕, ✕
2 폐교, 수도권, 지방, 개발

18일 차

알쏭달쏭 어휘
공존, 서식, 추정, 포획

차곡차곡 정리하기
1 ✕, ✕, ○, ○
2 고라니, 상위 포식자

19일 차

알쏭달쏭 어휘
심야, 현행법, 돌발, 밀집

차곡차곡 정리하기
1 ○, ✕, ○, ✕
2 자율 주행, 안전벨트, 입석

20일 차

알쏭달쏭 어휘
역부족, 매크로, 기승, 암표

차곡차곡 정리하기
1 ○, ✕, ○, ○
2 암표, 매크로, 싹쓸이

21일 차

알쏭달쏭 어휘
출품작, 논란, 생성, 취지

차곡차곡 정리하기
1 ○, ✕, ✕, ○
2 인공지능, 예술, 논란, 생성

22일 차

알쏭달쏭 어휘
채택, 시범, 충족, 개최국

차곡차곡 정리하기
1 ✕, ○, ○, ✕
2 파리, 야구, 개최국, 로스앤젤레스

23일 차

알쏭달쏭 어휘
철폐, 안전사고, 민폐, 마찰

차곡차곡 정리하기
1 ○, ○, ○, ✕
2 노키즈존, 차별, 강제력

24일 차
알쏭달쏭 어휘
팽만감, 감미료, 열량, 유발
차곡차곡 정리하기
1 ✕, ○, ✕, ○
2 대세, 열량, 감미료, 팽만감

25일 차
알쏭달쏭 어휘
윤리, 배설물, 복제, 섭리
차곡차곡 정리하기
1 ✕, ✕, ○, ○
2 반려동물, 복제, 슬픔, 고통, 치료

26일 차
알쏭달쏭 어휘
감수, 절도, 고용, 일탈
차곡차곡 정리하기
1 ✕, ○, ✕, ○
2 무인, 절도, 물건, 범죄

27일 차
알쏭달쏭 어휘
민감, 충돌, 게재, 보금자리
차곡차곡 정리하기
1 ○, ✕, ○, ✕
2 불꽃놀이, 폭발음, 스트레스, 충돌, 환경

28일 차
알쏭달쏭 어휘
환수, 국새, 반환, 후세
차곡차곡 정리하기
1 ✕, ○, ○, ✕
2 몽유도원도, 환수, 반출, 문화유산

29일 차
알쏭달쏭 어휘
영유권, 복속, 망언, 초치
차곡차곡 정리하기
1 ✕, ○, ○, ○
2 독도, 영유권, 분쟁, 편입

30일 차
알쏭달쏭 어휘
인상, 환산, 유추, 물류비
차곡차곡 정리하기
1 ✕, ○, ✕, ○
2 영국, 빅맥 지수, 스위스, 대만, 물가

기자와 함께 하는
30일 신문읽기 챌린지

초판 발행 2024년 7월 25일
초판 인쇄 2024년 7월 18일

글 선정수

펴낸이 정태선
펴낸곳 파란정원
출판등록 제395-2010-000070호
주소 서울특별시 은평구 가좌로 175, 5층
전화 02-6925-1628 | **팩스** 02-723-1629
제조국 대한민국 | **사용연령** 8세 이상 어린이
홈페이지 www.bluegarden.kr | **전자우편** eatingbooks@naver.com
종이 다올페이퍼 | **인쇄** 조일문화인쇄사 | **제본** 경문제책사

글 ⓒ2024 선정수
ISBN 979-11-5868-286-6 73700
*이 책에 사용된 낱말의 뜻은 국립국어원 표준국어대사전을 기초로 하였습니다.

이 책은 저작권법에 따라 보호받는 저작물이므로 무단 전재와 무단 복제를 금지하며,
이 책 내용의 전부 또는 일부를 이용하려면 반드시 저작권자와 파란정원(자매사 책먹는아이·새를기다리는숲)의 동의를 얻어야 합니다.
*잘못된 책은 구입하신 서점에서 바꿔 드립니다.

'왜 그럴까?'에서 시작하는
아주 기특한 상식 이야기

〈초등학생이 딱 알아야 할 상식 시리즈〉는 교과서 속에 실린 내용을 중심으로
우리가 꼭 알아야 할 과목별 상식 이야기를 담고 있습니다.
'왜 그럴까?'라는 호기심에 대한 궁금증을
쉬운 설명과 재미있는 일러스트로 알려 주어
외우려고 노력하지 않아도 개념과 원리를 쉽게 이해할 수 있습니다.

조영경 외 글 | 홍나영 그림 | 224쪽 | 각 권 13,000원

고군분투하던 초등 어휘력
읽으면서 바로 써먹는 어린이 시리즈로
재미있고 알차게 키우자!!

한날 외 글·그림 | 초등 전학년

〈읽으면서 바로 써먹는 어린이 시리즈〉는 아이들이 좋아하는 귀엽고 깜찍한 찹이 패밀리의 이야기로, 웹툰이라는 형식에 담아 부담 없이 자꾸 손이 가는 책이 되어 재미있게 읽고 또 읽으며 맞춤법과 상식을 배우고, 속담, 관용구, 고사성어, 영단어가 자연스럽게 입에서 툭 튀어나오게 합니다.